मीराँ संचयन

मीराँ संचयन

सम्पादक

नन्द चतुर्वेदी

वाणी प्रकाशन

वाणी प्रकाशन

4695, 21-ए, दरियागंज, नयी दिल्ली 110 002

शाखा

अशोक राजपथ, पटना 800 004

फ़ोनः +91 11 23273167 फ़ैक्सः +91 11 23275710

www.vaniprakashan.in
vaniprakashan@gmail.com
sales@vaniprakashan.in

MEERAN SANCHAYAN
Edited by Nand Chaturvedi

ISBN : 978-93-5229-428-2
Sanchayan

संस्करण 2017

मूल्य : ₹ 295

सिटी प्रेस, दिल्ली-110 095 में मुद्रित

वाणी प्रकाशन का लोगो मक़बूल फ़िदा हुसेन की कूची से

पूर्व कथन

मीराँ का जन्म लगभग पाँच सौ वर्ष पहले हुआ था। जो कवयित्री पाँच सौ वर्ष की आयु पार कर गई हो उसकी कविता के महत्व प्रतिपादन की कोई आवश्यकता नहीं है। शब्द और काल का घनिष्ठ सम्बन्ध है लेकिन काल का मन ज्यादा कोमल नहीं है। काल को लाँघ जाना इसलिए मनुष्य और उसकी कविता, उसकी सर्जना की विजय है। काल, कला और काव्य-कृतियों की एक प्रकार से अलिखित समीक्षा है। किस तरह से, किस बोध के द्वारा या फिर किस कौशल से, काल शब्द को, स्वर को, रंग और रेखा को बचा लेता है और लोक को परीक्षा के लिए देता है और लोक जिस तरह अपनी स्मृति अपनी परम्परा में पूरी सजगता और आत्मीयता से उसे बचाता है और निरन्तर सार्थक रखता है यह एक जादुई खेल सा है। मीराँ के बारे में मैं जरा जल्दी से यह बता देना चाहता हूँ कि वे विद्वानों, समीक्षकों, बुद्धिजीवियों, शोधकर्ताओं या कि पाठ्य-पुस्तकों के सम्पादकों, संकलनकर्ताओं द्वारा नहीं बचाई गई हैं, वे वास्तव में समय और उन भोले, साधु-मना, पूर्वग्रह विमुक्त, सरल, ग्राम्य-चित्त स्त्री-पुरुषों द्वारा (विशेषतया स्त्रियों द्वारा) बचाई गई हैं जिनकी साक्ष्य आलोचना ग्रन्थों में कोई विशेष अर्थ नहीं रखती। इन सहज काव्यानुरागियों ने राजस्थान की इस भक्त कवयित्री को पूरे देश की कवयित्री होने का आदर दिया है। महादेवी जी ने अपने व्याख्यान में कहा—"मैंने गुजरात, कर्नाटक, बंगाल तथा समूचे दक्षिण तथा उत्तर भारत का भ्रमण किया है। देश के पूर्व-पश्चिम, उत्तर-दक्षिण में सर्वत्र मैंने मीराँ के पद सुने हैं। मीराँ के पदों की उड़ान समूचे भारतीय आकाश में व्याप्त है, मानो कोई मुक्त पक्षी असीम आसमान में उड़ रहा है।...वे राजस्थान की हैं, गुजरात की हैं, बंगाल की हैं, समूचे भारत की हैं। वे भक्ति आन्दोलन की प्रेरक शक्ति हैं जिसने ब्राह्मण और शूद्र का भेदभाव ही मिटा डाला है। अतः वे सभी जातियों की हैं, सभी धर्मों की हैं, सर्वकालीन, सर्वदेशीय हैं।"[1]

कवयित्री मीराँ का संक्षिप्त जीवन

पाँच सौ वर्ष पूर्व जन्मी कवयित्री का जन्म-मरण, काव्य-प्रेरणाएँ, विवाह और वैधव्य, गुरु, यात्राएँ और यातनाएँ सब विवादास्पद और मध्य युग के अँधेरे में विलीन हुए सी लगती हैं। ''यह गुत्थी तब और भी उलझ जाती है जब हम देखते हैं कि मीराँ जैसी विश्व की अद्वितीय महिला भक्त का भारतीय इतिहास में कहीं प्रामाणिक उल्लेख तक नहीं है। मीराँ के सम्बन्ध में भारतीय इतिहास के अनिश्चित होने से मीराँ सम्बन्धी अनेक विवाद अनायास उठ खड़े हुए हैं।''[2]

मीराँ का जन्म

मीराँबाई की निश्चित और निर्विवाद जन्म-तिथि और वर्ष अब भी निश्चित नहीं है और यह भक्ति-काल के सभी बड़े कवियों के साथ है। कबीर के, तुलसी के, सूर और अनेक कवियों के साथ जन्म-मरण का अनिश्चय और संशय लगा है। तब भी डॉ. कल्याणसिंह शेखावत ने अपने शोध-प्रबन्ध 'मीराँ का जीवन-वृत्त और काव्य' में एक तिथि और संवत् का उल्लेख इस प्रकार किया है : ''मीराँबाई मेड़ता के स्वामी तथा राठौड़ों की मेड़तिया शाखा के संस्थापक राव जोधावत के पुत्र रतनसी की सन्तान थी। रतनसी दूदावत के यहाँ मीराँ-बाई का जन्म वि. सं. 1555 को वैशाख सुदि 3 को हुआ था।'' प्रसिद्ध इतिहासकार गौरीशंकर ओझा भी मीराँ का जन्म 1555 ही मानते हैं किन्तु नरोत्तम स्वामी के मतानुसार उनका जन्म संवत् 1560-61 में हुआ था। मिश्र बन्धुओं ने मीराँ का जन्म संवत् 1573 माना है। जग्गाभाट की बही का उल्लेख करते हुए डॉ. गोपीनाथ शर्मा और डॉ. रामगोपाल शर्मा भी उनका जन्म संवत् 1555 ही मानते हैं।[3] प्रो. सी. एल. प्रभात ने अपने महत्वपूर्ण शोधग्रन्थ 'मीराँ जीवन और काव्य' में लिखा है ''इस प्रकार विभिन्न स्रोतों से प्राप्त विश्लेषण, तिथि-गणना तथा ऐतिहासिक घटनाओं के प्रत्यक्ष-अप्रत्यक्ष साक्ष्य के आधार पर कहा जा सकता है कि मीराँ की जन्म-तिथि श्रावण शुक्ला प्रतिपदा संवत 1561 मानना अधिक तर्कसंगत है'' (पृ. 105)।

जिस प्रकार मीराँ के जन्म-संवत् पर विवाद और संशय है उसी प्रकार उनका जन्म-स्थान भी विवादित है। कहाँ जन्मी थीं मीराँ?

डॉ. कल्याणसिंह शेखावत का इस प्रसंग में निम्न विवरण देखें ''मीराँबाई का जन्म स्थान जोधपुर राज्य का बाजोली ग्राम है, कुड़की या चौकड़ी नहीं

जैसा कि अद्यावधि प्रसिद्ध है। यह बाजोली गाँव पहले बाजोली–बीजारूण के नाम से प्रसिद्ध था। एक ही गाँव में ये दो भाग थे जिसमें बीजारूण के तो खँडहर विद्यमान हैं और बाजोली गाँव बसा हुआ है। यह बाजोली ग्राम दिल्ली-जोधपुर रेल मार्ग पर स्थित डेगाना जंक्शन से 6 मील दूर दक्षिण-पूर्व में स्थित है। ...इस छोटे से गाँव में रतनसी दूदावत के प्राचीन महल आज भी विद्यमान हैं। यहीं विक्रम संवत् 1555 में मीराँबाई का जन्म हुआ था। मीराँबाई के जन्म के बाद कुड़की का गढ़, रतनसी दूदावत ने बनवाया था और फिर सपरिवार वहीं रहने लगे। इस तरह मीराँबाई का जन्म तो बाजोली में हुआ किन्तु बचपन कुड़की में व्यतीत हुआ।''[4] (पृ. 46) इधर जो सामग्री प्रकाशित हुई है उसके अनुसार मीराँ का जन्म कुड़की या बाजौली में नहीं 'मेड़ता' में हुआ था। मेड़ता प्रसंग पर डॉ. हुकुमसिंह भाटी का निबन्ध : मीराँबाई : ऐतिहासिक और सामाजिक विवेचन, रतन प्रकाशन, प्रतापनगर, जोधपुर, 1986, (पृ. 10)

नाम का विवाद

शेक्सपीयर की प्रसिद्ध उक्ति है नाम में क्या रखा है? गुलाब को किसी नाम से पुकारो। लेकिन मीराँ नाम पर प्रकट विवाद है। विवाद का विषय यह है कि 'मीरा' शब्द में 'रा' सानुनासिक (राँ) है या निरनुनासिक मात्र (रा) है। उनका वास्तविक नाम क्या है? मीराबाई या मीराँबाई? इस प्रश्न के औचित्य पर विचार करते हुए डॉ. सी. एल. प्रभात ने 'मीरा : जीवन और काव्य : द्वितीय खंड' में लिखा है ''एक बिन्दी के अन्तर के कारण मीरा और मीराँ शब्द दो भिन्न दार्शनिक साधनात्मक और सांस्कृतिक परम्पराओं की ओर मुड़ जाते हैं और इन मोड़ों के साथ मीरा के मेड़तिया राठौड़ परिवार की मूलभूत आस्था, मीरा के अपने प्रारम्भिक जीवन के घटनाक्रम और उनकी भावात्मक जिन्दगी के प्रेरणा-स्रोतों के जो अनेक महत्वपूर्ण प्रश्न जुड़े हुए हैं, उनके उत्तरों की दिशा बदल जाती है।''[5] (पृ. 450)। डॉ. प्रभात का मत है कि शुद्ध शब्द मीरा है, सानुनासिक शब्द 'मीराँ' नहीं। 'मीरा' और 'बाई' दोनों भारोपीय भाषा के शब्द हैं। मीरा शब्द संस्कृत के 'मीर' से बना है जिसका अर्थ है 'सागर का अंश'।

सानुनासिक मीराँ शब्द को कई अनुसन्धानकर्ताओं ने उपाधि या उपनाम माना है और कुछ विद्वानों का मत है कि यह शुद्ध रूप से भारतीय शब्द नहीं

है किन्तु कुछ साहित्येतिहासकारों का मत है कि यह विशुद्ध भारतीय शब्द है। सबसे पहले डॉ. पीताम्बर दत्त बड़थ्वाल ने 'मीराँ' शब्द की व्युत्पत्ति 'मीर' शब्द से होना बतलाया। इस तरह उन्होंने 'मीराँ' को निर्गुणवादियों की श्रेणी में सम्मिलित करने का प्रयत्न भी किया। किन्तु चन्द्रबली पाण्डेय तथा ललिता प्रसाद उन विद्वानों में से हैं जिन्होंने 'मीराँ' नाम को पूरी तरह संस्कृत परम्परा से जोड़कर देखा। उन्होंने 'मीराँ' शब्द को 'सागर कन्या' का अर्थ देते हुए 'लक्ष्मी' से सम्बद्ध किया। 'मीराँ' अर्थात् समुद्र से उत्पन्न होनेवाली लक्ष्मी।

डॉ. मंजु चतुर्वेदी ने अभी-अभी, राजस्थान हिन्दी ग्रन्थ अकादमी, द्वारा प्रकाशित 'मीराँ' मोनोग्राफ में इतिहासकार डॉ. गोपीनाथ शर्मा के हवाले से निम्न अभिमत व्यक्त किया है "डॉ. जी. एन. शर्मा नामकरण के इस विश्लेषण को (मीराँ शब्द की व्युत्पत्ति 'मीर', 'पीर', 'मिहिर', 'वीर' आदि शब्दों से हुई है) भ्रामक माना है क्योंकि राजपूत समाज में मीराँ शब्द प्रचलित नाम था। मालदेव की लड़की मीराँबाई का विवाह वागड़ के एक राजकुमार से हुआ था। उस युग में नामकरण खेती से सम्बन्धित शब्दों से पश्चिमी राजस्थान के राजपरिवार में किए जाते थे। राव आस्थान के पुत्र का नाम हेड़क था। हेड़क खेत जोतने वाले बैलों के लिए काम में आता था। जयमल के लड़के का नाम बीजड़ था जो बीजों का द्योतक है। राव चूँडा की स्त्री का नाम इण्डी था जो काँटेदार छोटे खेत के मार्ग के लिए प्रयुक्त होता है। सातल की पत्नी का नाम फूला था जो मक्की को भून कर बनाए जाते हैं। राव गंगा की पत्नी का नाम जेवड़ा था। इस शब्द का प्रयोग गाय-बैल बाँधने की रस्सी के लिए किया जाता है। इसी परम्परा में मीराँ का नाम मेर से लिया गया था। पश्चिमी राजस्थान में अच्छी फसल होना खुशहाल जमाने का सूचक होने से मेर को लेकर मीराँ नामकरण किया जाना स्वाभाविक था।" आलोचकों और विद्वानों के एक समूह का यह मत है कि जन्म के समय पुत्री का अपूर्व तेजोमय रूप देखकर उसका नाम मिहिराबाई—मीराँबाई अर्थात् 'सूर्य-सी दीप्तिवान' रखा गया। सानुनासिक 'मीराँ' या निरनुनासिक 'मीरा' का भेद लोक भूल गया है, उसके लिए कोई सी भी मीराँ हो वह ग्राह्य और वरेण्य है।

मीराँ का विवाह

यह सुनिश्चित है कि मीराँ का विवाह वि.सं. 1573 में मेवाड़ के महाराणा साँगा के पुत्र भोजराज के साथ उत्साहपूर्वक तथा धूमधाम के साथ सम्पन्न हुआ।

किन्तु, यह विवादास्पद है कि उस समय मीराँ 18 वर्ष की थीं या 12 वर्ष की। डॉ. कल्याणसिंह शेखावत उनके विवाह के समय की आयु अठारह वर्ष की मानते हैं क्योंकि उनका जन्म वि.सं. 1555 में हुआ प्रमाणित करते हैं। जो इतिहासज्ञ यह मानते हैं कि उनका जन्म 1561 में हुआ। उनके अनुसार उनकी विवाह के समय की आयु 12 वर्ष ठहरती है। विवाह के समय मीराँ की मनःस्थिति के बारे में यह कहा गया है कि उन्होंने 'अनिच्छा' से और 'माता-पिता का मान रखने के लिए' विवाह किया। 'मीराँबाई : ऐतिहासिक व सामाजिक विवेचन' शोध-पुस्तिका के लेखक डॉ. हुकुमसिंह भाटी ने 'विरोध' शब्द का प्रयोग किया है। उन्होंने लिखा है : "मीराँ ने शादी का विरोध किया क्योंकि उसने तो बाल्यकाल में ही गोपाल (कृष्ण) को अपना पति स्वीकार कर लिया था। विवाह कर वह सांसारिक जंजाल में नहीं फँसना चाहती थी फिर भी माता-पिता की इच्छानुसार उसकी शादी महाराणा साँगा के पुत्र भोजराज के साथ सन् 1516 ई. (वि. सं. 1573) की गई" (पृ. 14)। इस सन्दर्भ में मीराँ के पदों की ये पंक्तियाँ आत्म-साक्ष्य और महत्वपूर्ण हो जाती हैं–

> माई री! हूँ तो सपना में परण्यो गोपाल।
> मती करो म्हारी ब्याव सगाई, क्यूँ बाँधों जंजाल ॥

अथवा

> ऐसे वर को के करूँ जो जनमे मर जाए।
> वर वरिए गोपाल जू, म्हारो चुड़लो अमर व्है जाए।

ध्यान देने की बात है कि मीराँ के हृदय में भक्ति के बीच उनके बाल्यकाल में ही अंकुरित होने लगे थे। मीराँ के पितृ-कुल में भक्ति पीढ़ियों से चली आती थी। दूदा, वीरमदेव और जयमल परम वैष्णव थे। मीराँ के भक्ति-भाव और कृष्ण की मूर्ति उपलब्ध करने से सम्बन्धित दो कथाएँ बहु प्रचलित हैं। एक कथा के अनुसार किसी बरात में दूल्हा को देखकर बालिका मीराँ ने माँ से पूछा, "माँ! मेरा वर कौन है?" सहसा पूछे गए इस प्रश्न से चकित हुई माँ ने गोपाल की मूर्ति बता दी। तभी से 'गिरधर गोपाल' मीराँ के प्राण वल्लभ हो गए।

दूसरी कथा उस मूर्ति से सम्बन्धित है जो बाल्यकाल में मीराँ ने हठ करके किसी साधु से प्राप्त की थी। इस मूर्ति के साथ मीराँ का अनन्य प्रेम था। किशोर-आयु की दूसरी बालिकाएँ जब अपनी गुड़ियों का त्यौहार मनातीं मीराँ

अपने गिरधरलाल के उत्सव मनाती। बचपन का यह खिलौना ही आगे चलकर उनकी प्रेम भक्ति का स्वरूप बना। यही गिरधर की मूर्ति 'मीराँ के प्रभु गिरधर नागर' में परिवर्तित हो गई। "...विदा के समय सभी लड़कियाँ अपनी प्यारी चीजें अपंने साथ ले जाना चाहती थीं मीराँ भी अपने गिरधरलाल को साथ ले गईं। चित्तौड़ पहुँच अपने स्वामी की सेवा में लगीं फिर भी उनका मन भगवद् भक्ति से तनिक भी विचलित नहीं हुआ।" (परिषद्-निबन्धावली : मीराँबाई की जीवनी और कविता पर कुछ विचार : कुँवर कृष्ण, पृ. 19-20)

मीराँ के बाल्यकाल और कृष्णानुराग के सम्बन्ध में अनेक धारणाएँ और किंवदन्तियाँ इसकी पुष्टि करती हैं कि मीराँ अल्प-आयु में कृष्ण-भक्ति में लीन हो गई थीं–और इसी भक्ति के साथ वे विवाहोपरान्त चित्तौड़ गईं। वहाँ भी वे अपने साथ आराध्य देव गिरधर की मूर्ति ले गईं जिसकी वे नित्य पूजा अर्चना करती रहीं।

वैधव्य और यात्राएँ तथा यातनाएँ

यह सुनिश्चित नहीं है कि युवराज भोजराज साँगावत की आकस्मिक मृत्यु कब और किस कारण से हुई। वे न तो युद्ध में मरे और न किसी रोग से। यह भी निश्चित नहीं है कि भोजराज की मृत्यु के समय मीराँ कितनी आयु की थी। डॉ. कल्याणसिंह शेखावत अवश्य कहते हैं, "वि.सं. 1579 में युवराज भोजराज साँगावत की मृत्यु हो गई" यानी विवाह के छः वर्ष बाद। उनके हिसाब से तब मीराँ की आयु 24 वर्ष की थी। यदि मीराँ चौबीस वर्ष की आयु में विधवा हुई थीं तो वैधव्यकाल के लिए उनके निर्णय न तो भावुकतापूर्ण कहे जा सकते हैं और न अविवेकपूर्ण। किन्तु, यदि उनका जन्म वि.सं. 1561 और विवाह वि.सं. 1573 मानते हैं तथा पति भोजराज की मृत्यु विवाह के पाँच-छः वर्ष बाद तब मीराँ के विधवा होने की आयु 18 या 19 वर्ष हो जाती है। यह तो भी हो, इतना सुविदित है कि मीराँ ने लौकिक विवाह का भरपूर सुख नहीं पाया और यह भी कि भोजराज की मृत्यु राणा साँगा के सामने ही हुई। राणा साँगा की मृत्यु वि.सं. 1584 में हुई।

यह जानना आवश्यक है कि विवाह के बाद वाले उन थोड़े से दिनों में जब भोजराज साँगावत जीवित थे मीराँ और उनके सम्बन्ध कैसे रहे? दरअसल इस पक्ष पर कोई मनोवैज्ञानिक अध्ययन नहीं हुआ और न कोई विश्वसनीय वृतान्त ही मिलता है लेकिन मीराँ के पदों और लोकगीतों में निरन्तर इसकी

साक्ष्य मिलती है कि उन्होंने सपने में जिस गोपाल को 'परुण' लिया था उसे ही वे 'जनम-मरण' का 'लोक-लोकान्तर' का 'स्वामी, साथी-सगा' समझती रहीं। मन से वरण किए गए इसी 'ब्रज़राज' से वे नेह निभाती रहीं। विवाहोपरान्त, चित्तौड़ में भी, कुल के बीच भी, यह खींचतान शुरू रही। प्रारम्भ में पारिवारिक-जनों ने इस आचरण का निहितार्थ समझाते हुए कहा होगा–

लाजै पीहर, सासरा, भाई तणो मोसाल।
सबही लाजै मेड़तियाजी, यासुं बुरा कहे संसार।

इसका दृढ़ता से जो उत्तर उन्होंने दिया वह उनके चयन-धर्मी विवेक और निर्भीकता का प्रमाण है–

चोरी कराँ न मारगी, नहीं मैं करूँ अकाज।
पुन्न के मारग चालताँ, झक मारौ संसार ॥

अपनी पत्नी के इस पारदर्शी तथा निर्भीक, पवित्र, वीतरागी आचरण से, प्रारम्भ में खिन्न मन, युवराज भोजराज साँगावत अन्त में उनके परमार्थ और भक्ति मार्ग के सहयोगी बन गए। 'मीरा सुधा-सिन्धु' के लेखक स्वामी आनन्दस्वरूप ने इस प्रसंग में लिखा है "युवराज भोजराज भी उसके व्यवहारों से खिन्न रहा करते थे किन्तु धीरे-धीरे मीराँ की वास्तविक मनःस्थिति को जान लेने के बाद उनके असन्तोषादि भाव हट गए। यही नहीं उन्हें मीराँबाई से स्नेह होने लगा। एक बार वार्तालाप के प्रसंग में सांसारिक विषयों की आवश्यकता हो तो दूसरा विवाह करने और नहीं तो उसके परमार्थ पथ में सहयोगी बनने के मीराँबाई के प्रस्ताव को सुनकर उन्हें अपना कर्तव्य स्पष्ट हो गया। उन्होंने मीरा के भजन भाव में हाथ बँटाने का निश्चय कर लिया और इस प्रकार मीराँबाई का मार्ग निष्कंटक हो गया। भोजराज ने मीराँबाई के लिए कुम्भ-श्याम मन्दिर के पास एक छोटा-सा मन्दिर की सेवा-सत्संग के लिए बनवा दिया।"

"महाराणा संग्रामसिंह की ओर से तो मीराँबाई को कभी किसी प्रकार से बाधा नहीं हुई। उन्हें अपनी पुत्रवधू के प्रति बड़ा ही आदरभाव था और उसकी बुद्धि चातुरी, ज्ञान, भक्ति के प्रति बड़ा श्रद्धा थी।" (जीवनी, पृ. 44-45)

मीराँ के साहसिक जीवन-यात्रा उनके पति की मृत्यु के बाद से ही शुरू होती है जब उनके परिवार द्वारा सती होने का दबाव बनाया जाता है और वे उसको अस्वीकार कर देती हैं। उन्होंने स्वयं लिखा है–

"मीराँ के रंग लग्यौ हरि को और संग सब अटक परी"
"गिरधर गास्याँ सती न होस्याँ, मन मोह्यो धननामी
जेठ बहू को नातो नाहीं राणा जी म्हे सेवक थे स्वामी"

अनेक सामन्ती मान्तयाओं के अस्वीकार के कारण जो कलह धीरे-धीरे सुलग रहा था वह सती न होने के कारण प्रचण्डता से धधकने लगा और राज परिवार की सारी कुटिल और विरोध करनेवाली शक्तियाँ इकट्ठी हो गईं।

इतिहासकार मानते हैं कि मीराँ के विवाह के 11 वर्ष बाद उनके पिता रतनसी भी एक युद्ध में मारे गए और कुछ समय बाद उनके श्वसुर राणा साँगा का भी देहान्त हो गया। परिवार में होनेवाली इन मृत्यु-लीलाओं ने मीराँ को अत्यन्त दुःखी कर दिया। "किन्तु उसे बचपन से गिरधरलाल का इष्ट तो था ही अब वह रात-दिन कृष्ण की आराधना में लग गईं तथा अपने समाज की सामाजिक परम्पराओं को लाँघकर साधु सन्तों के बीच नाचने गाने लगीं जिससे कुल लज्जित होने का भय फैल गया।"[6]

राणा साँगा के बाद मीराँ की भक्ति-आराधना को सहिष्णुता और सहृदयतापूर्वक सहन करनेवाला कोई नहीं बचा। राणा साँगा के बाद मेवाड़ की गद्दी पर बैठनेवाले राठौड़ों के भानजे रतनसिंह ने मीराँबाई को किसी प्रकार शारीरिक अथवा मानसिक यातनाएँ नहीं दीं। लेकिन वे जल्दी ही बूँदी के साथ युद्ध में फँस गए और राव सूरजमल हाडा द्वारा मारे गए। रतनसिंह के बाद विक्रमजीत (विक्रमादित्य) मेवाड़ के सिंहासन पर बैठे। "राणा विक्रमादित्य के विषय में राजस्थान का इतिहास लगभग इसी प्रकार की बातें कहता है। उसमें निर्दयता, मूर्खता और अविश्वासपूर्ण दुष्टता कूट-कूटकर भरी थी। विष देने के लिए क्रूरता और धूर्तता की आवश्यकता है, वह विक्रमजीत में पूर्णतः विद्यमान थी।"[7] यह कहने की आवश्यकता नहीं है कि मीराँ के वैधव्यकाल की कठोरतम और बर्बरतापूर्ण यातनाओं में एक 'विष-पान' की है। मीराँ ने कभी अचरज से, कभी व्यथा से, कभी अत्यन्त सरल भाव से पूछा है—

सीसोद्या राणा प्यालो म्हाने क्यूँ पाठायो।
भली, बुरी तो मैं नहीं कीन्हीं राणा क्यूँ है रिसायो।
कनक कटोरे लै विष घोल्यो दयाराम पण्डो लायो।
मीराँ कहे प्रभु गिरधर नागर जून को विड़द बढायो।

इस विष के प्रभाव से बच गई मीराँ को मारने का दूसरा प्राणघातक विकल्प

सोचा गया। एक काला नाग डिब्बे में बन्द करके किसी दासी के साथ मीराँबाई के पास भेजा गया। कहा गया कि इसमें सालिगराम की दिव्य मूर्ति है। जब मीराँ ने भक्ति-भावपूर्वक उस डिब्बे को खोला तो उसमें से दिव्य सालिगराम की मूर्ति प्रकट हुई।

> साँप पिटारो राणाजी भेज्यो, मीराँ हाथ दियौ जाय
> हँस-हँस मीराँ कण्ठ लगायो, यो म्हारो नौसर हार

अथवा

> डब्बा खोली मीराँ जब देख्यो हो गए सालिगराम।
> जय जय ध्वनि सब सन्त सभा भई, कृपा करी घनश्याम ॥

विष देने और सर्प-दंश द्वारा भी मीराँ को मार देने के अतिरिक्त उन्हें लालच भी दिए गए जिनका संकेत उनके पदों में मिलता है—

> राणोजी कागद मोकल्याजी। द्यो मेड़तणी ने जाइ।
> साँधा री संगत छौड़ि द्यो। थाँका कुल ने लाछण थाई ॥
> काठन को माला तजो जी। पहरो मोतीहार ॥
> भगताई थे दूर करो जी। सब ही राज तुमार ॥

(राणाजी ने पत्र भेजा और कहा कि मेडतणीजी को देना और कहना कि वे साधुओं की संगत छोड़ दें क्योंकि उससे कुल लांछित होता है। वे काष्ठ की माला छोड़कर मोतियों की माला धारण करें। यदि वे भक्ति का परित्याग कर दें तो यह मेवाड़ राज उन्हें अर्पित है।)

विक्रमादित्य जिन्होंने मीराँ को अनेक यातनाएँ और कई लालच देकर भक्तिमार्ग से विचलित करना चाहा वे यह समझ नहीं सके कि मीराँ ने कभी लौकिक पति या गार्हस्थ के सामान्य लोकाचार को स्वीकार नहीं किया। जब मीराँ ने कहा कि "राणा रूठे नगरी राखे, हरि रूठे कहँ जाणा" तब उन्होंने किसी सैद्धान्तिक हठ अथवा किसी पूर्वाग्रह की रक्षा के लिए कुछ नहीं कहा था बल्कि उस आस्थापूर्ण संकल्प को ही दुहराया था जिससे उन्हें त्रिलोक की सम्पदा ठुकराने की अपराजेय शक्ति मिली थी। यही कारण है कि भोजराज की मृत्यु के पश्चात् मीरा के मन में वैराग्य की भावना तीव्रता के साथ उठी। उनके आसपास राज-परिवार में कुबुद्धिमय छल-प्रपंच और प्रतारणाओं के जंजाल, स्वार्थों के संघर्ष और पर-पीड़क प्रवृत्तियों का बोलबाला था। तरुणाई

के पहले प्रहर में ही जीवन के रस और तृप्ति के द्वार संसार ने सदैव को बन्द करके अमंगल के अभिशाप से जिसका नाता जोड़ दिया हो, जिसके परिजन स्नेह के स्थान पर विष देने की सोचते हों, और जिसके प्राणों में जीवन की दुर्दम्य और अपराजेय शक्ति और अनुराग की अछूती अमिट प्यास भरी हो वह जगत् की उपेक्षा कर उससे महत्तर, सुन्दरतर और अधिक स्थायी तथा सरस सत्य की ओर उन्मुख न हो तो क्या करे? मीराँ में भक्ति-भावना सहज और स्वाभाविक अवश्य थी। शैशव में वह अंकुरित भी हो गई थी, पर वह विशेष रूप से पल्लिवित, पुष्पित हुई और मुखरित हुई वैधव्य के बाद।"[8]

चित्तौड़ त्याग और तीर्थ यात्राएँ

विष दिए जाने के बर्बरतापूर्ण कृत्य के साथ ही मीराँ का 'आत्म-संघर्ष' चरम सीमा पर पहुँच गया था। संसार से विरक्त होकर वे अपने गिरिधर के पास वृन्दावन आ गईं। वृन्दावन तीर्थ-यात्रा का एक प्रसंग उल्लेखनीय है। इस प्रसंग को सभी भक्तों ने लिखा है। नागरीदास की 'पद प्रसंग माला' के अनुसार "मीराँ वृन्दावन आईं, जीव गोस्वामी से मिलीं और उनका तिया मुख न देखने का प्रण छुड़ाया"। कवि दयाराम ने, जो वल्लभ सम्प्रदाय के समर्पित कवि थे, लिखा है : "मीरा बाई आव्या वृन्दावन माँ रे। प्रेमे निरख्या श्री जदुराय। श्री जमुना पयपान कर्यू। ने करी जीव गोस्वामी ने शिक्षाय"। वृन्दावनवास के समय मीराँबाई ने चैतन्य सम्प्रदाय के प्रमुख सिद्धान्तकार जीव गोस्वामी के दर्शन की इच्छा की लेकिन उन्होंने यह कहकर कि वे स्त्रियों से नहीं मिलते, मीराँ को विचलित कर दिया। किन्तु उन्होंने श्रीमद्भागवत के वचनों का उल्लेख करते हुए कहा कि "पुरुष तो एक वासुदेव है। शेष जगत स्त्रीमय है" (वासुदेव पुमानेकः स्त्रीयमितर ज्जगत)। लज्जित हुए जीव गोस्वामी ने ये शब्द सुनकर भक्तिमती मीराँ को सम्मान देकर संवाद का अवसर दिया।"[9] इस प्रसंग को भक्ति के क्षेत्र में एक नाटकीय घटना के रूप में चित्रित किया है। "पर वास्तव में यह वक्तव्य मात्र जीव गोस्वामी नामक एक धर्माचार्य के नाम दिया गया वक्तव्य नहीं था, उस समूची व्यवस्था के नाम दिया गया, एक चुनौतीपूर्ण वक्तव्य था जो (व्यवस्था) भक्ति-आन्दोलन की उदारता के बावजूद नारी और पुरुष के सम्बन्धों में पुरुष की अहमन्य सामन्तीय अधिकारों की परम्परा को छोड़ नहीं पा रही थी और अपनी नारी विरोधी अवधारणाओं को धर्म के आवरण में छिपाये थी।"

द्वारकावास

आयु की अन्तिम चरण में मीराँबाई द्वारका में बस गई थी, जिस द्वारका को उनके गिरधर नागर ने बसाई थी। यहीं उनका देहान्त हुआ। द्वारका का वास उनकी मनोकामना थी। एक पद में उन्होंने लिखा–

राय श्री रण छोड़ दीजै, द्वारका को वास
तज्यौ देसरू बेस हू तजि, तज्यौ राना राज।

उनके द्वारकावास के सम्बन्ध में सभी इतिहासकार एक मत हैं। डॉ. करुणा त्रिवेदी ने मीराँ जयन्ती स्मारिका 1999-2000 के अंक में लिखा है "गुजरात के भक्ति के क्षेत्र में, भक्ति संगीत के क्षेत्र में, धार्मिक पर्व-त्यौहारों में, गुजराती में उपलब्ध मीराँ पद-साहित्य में, तीर्थों में मीराँबाई उतनी छा गईं समा गई हैं कि उनके मूलतः गुजरात प्रदेश में जन्मी होने का भ्रम होने लगता है और यह स्थिति आज से नहीं, मीराँबाई के जीवनकाल से गुजरात में पाई जाती है।" डॉ. त्रिवेदी ने इस आलेख में गुजराती में से उन कई पदों का उल्लेख किया है जो उनकी वहाँ की यात्रा को विश्वसनीय बनाता है–

–हारे चालो डाकोर माँ जइ वसिये
हारे मन लेह लगाड़ी रंगरसिये रे।

–म्हारा गिरधर रसिया छैल, मैं तो चालू थारी गैल
पुरी द्वारिका वास करूँली, और समन्द की ल्हैर
सब राण्याँ सूँ रहूँ निराली, जुदा चुणांद्यौ म्हैल

–द्वारिका को वास हो मोहि द्वारिका को वास
तज्यौ देसौ वेस पतिगृह तज्यौ राणा राजि
दासि मीरा सरन आई, तुम्हें अब सब लाजि

–मीराँ हरि में लीन भई
राम कृष्ण द्वारका नगरी परकर माँहि रही
मीराँ के प्रभु गिरधर नागर चरणाँ लीन मई

द्वारका का विवाद यह नहीं है कि वे वहाँ गईं या नहीं, विवाद इस बात पर है कि वे किस मार्ग से और कौन से वर्ष वहाँ गईं? इस सम्बन्ध में कहा जाता है कि वे चित्तौड़ से सीधे ही द्वारका चली गई थीं, यह भी कि वीरमदे

दूदावत के अजमेर छोड़ने के बाद गईं और कुछ की यह राय है कि मीराँ वृन्दावन यात्रा के बाद ही द्वारिका गईं। विद्वानों ने इस मत की ही पुष्टि की है कि वे वृन्दावन की यात्रा के बाद ही द्वारिका गई थीं जहाँ स्वयं मीराँ के आराध्य देव कृष्ण ने अपने जीवन का उत्तर-चरण पूरा किया था। इस तरह मीराँ की जीवन-कथा 'सपना में परण्याँ गोपाल' के जीवन के साथ तादात्म्य ढूँढ़ती, प्रेम की अशेष मनोवैज्ञानिक कथा का एक आकर्षक पक्ष खोलती समाप्त होती है।

मीराँ की मृत्यु और उसके पूर्व

गुजरात में मीराँ की मृत्यु के पूर्व एक और हलचल होती है जो बाद में उनकी मृत्यु का कारण भी बताई जाती है। डॉ. कल्याणसिंह शेखावत ने अपने शोध प्रबन्ध में इस हलचल का उल्लेख किया है। लिखा है "मीराँबाई को द्वारिका से मेड़ता बुलाने के लिए मेड़ता से द्वारिका आदमी भेजे गए थे क्योंकि यह नहीं हो सकता कि राव वीरमदे दूदावत और राव जैमल वीरमदेवोत उन्हें भूल जाते और उनकी सुध भी नहीं लेते।

...उधर चित्तौड़ के राजसिंहासन पर ही महाराणा उदैसिंघ साँगावत विराजमान हो गए थे। इन महाराणा से मेड़तिया राव जैमल वीरमदेवोत के अच्छे सम्बन्ध थे। साथ ही महाराणा उदैसिंघ साँगावत भी मीराँ के प्रति श्रद्धा रखते थे। अतः वि. सं. 1597 में मेवाड़ के महाराणा बनने के कुछ समय पश्चात् आपने अपनी भाभी को चित्तौड़ लौटा लाने हेतु चित्तौड़ से आदमी भेजे थे। महाराणा के द्वारा वे आदमी चित्तौड़ से ही भेजे गए थे क्योंकि तब तक उदयपुर बसा ही नहीं था अतः यह कहना कि आदमी उदयपुर से भेजे गए थे असत्य है। किन्तु मीराँ न तो चित्तौड़ लौटीं न मेड़ता ही।" (पृ. 53) अनासक्ति का भाव उनके मन में दृढ़तापूर्वक जमा था। उनके अनेक पदों में इसका उल्लेख है—

—जग-सुहाग मिथ्या री सजणी होंवा हो मिट ज्याशी,
वरण कर्‌याँ हरि अविनासी म्हारो काल ब्याल न खासी।

—भौ सागर जग-बंधण झूँठा, झूँठा कुलराँ न्याती।

पारिवारिक क्लेश और वैधव्य के दुःख ने ही मीराँबाई से चित्तौड़ छुड़ाया था। उनके पिता और ताऊ उस समय जीवित थे। मीराँ ने उन्हें सन्देश भेज

कर अपनी व्यथा बताई। सन्देश मिलते ही मेड़ता से पीहर वाले उन्हें लेने के लिए आ गए। पीहर मीराँ को अत्यन्त प्रिय लगता था। वहाँ के लोग कण्ठी माला पहनते हैं। उन्होंने अपने एक पद उनकी प्रशंसा करते हुए लिखा : "म्हारा पिहरिया रो लोक भलो रे बाँधे कण्ठीमाला।" इसलिए चित्तौड़ के कष्टों से संतप्त वे मेड़ता लौट आईं। यहाँ आकर वे भय-मुक्त मन से अपने आराध्य की पूजा-अर्चना में लग गईं। "मीराँ जिस महल में नाच-गान करती थी वह महल चतुर्भुज के मन्दिर के ऊपरबना है तथा गिरधरलाल की मूर्ति भी इसी मन्दिर में विराजमान है। मीराँ यातनाओं से मुक्त होकर अपने पीहर में शान्ति से रहने लगी लेकिन मेड़ता में रहना उनके भाग्य में नहीं लिखा था।"[1] राजनीतिक और सामाजिक अस्थिरता के कारण मीराँ अपने परिवार के साथ कब तक और कहाँ-कहाँ रही इसका केवल अनुमान ही लगाया जा सकता है। उत्तर-जीवन में वे वृन्दावन और द्वारका रहीं इसके प्रमाण तो अनेक ग्रन्थों और स्वयं कवयित्री के लिखे पदों में मिलते हैं।

मीरा के लिए वृन्दावन और द्वारका तीर्थ-स्थल ही नहीं हैं : वे उनके आराध्य कृष्ण की 'लीला-भूमि' हैं। इन लीला-स्थलों पर जाना मीराँ के लिए अपने प्रिय गिरधर नागर के 'भाव-रूप' को पुनराविष्कृत करना है। डॉ. सी. एल. प्रभात ने इस सन्दर्भ में लिखा है "जिस ब्रजवासी का उन्होंने वरण किया था, जिसके रंग में रँगी थीं, जिसके निरन्तर दर्शन करती थीं उसी की अलौकिक लीला की लौकिक भूमि को वे प्रणाम करने गई थीं।" वृन्दा विपिन में ही हरिभक्तों से मिलीं। रसेश्वर कृष्णा की भूमि पर परम सन्तुष्ट हुई भक्तिमती मीराँ ने यह पद लिखा–

आली! म्हाने लागे वृन्दावन नीकौ
घर-घर तुलसी-ठाकुर पूजा, दरसण गोविन्दजी को
निरमल नीर बहत जमना में, भोजन दूध दही को
रतन-सिंघासण आप विराजे, मुगट धर्यो तुलसी को
कुंजन-कुंजन फिरत राधिका, सबद सुणत मुरली को
मीराँ के प्रभु गिरधर नागर, भजन बिना नर फीको

स्वामी आनन्द स्वरूप ने 'मीराँ सुधा सिन्धु' में इस घटना का नाटकीय और रोचक वर्णन किया है। उनके शब्दों में 'मीराँ के जाने से मानों भगवान ही रूठ गए हों त्यों मेवाड़ में अशान्ति बढ़ती ही चली, लोगों को चैन नहीं था। व्याधियाँ भी फैलने लगीं। नए-नए उपद्रव होने लगे। ...राणा और

प्रजाजनों को यह निश्चय हो गया कि मीराँबाई को अपमानपूर्वक देश निकाला देने से ही देश की यह परिस्थिति हुई है। उन्होंने (उदयसिंह जी) कुछ जागीरदार तथा पुरोहितादि ब्राह्मणों को मीराँबाई को वापस लौटा लाने के लिए भेज दिया।'' (पृ. 66)

चित्तौड़ से आए जागीरदारों और पुरोहित-ब्राह्मणों के इस प्रतिनिधि-मण्डल ने मीराँबाई को धर्म संकट में डाल दिया। वे द्वारिका छोड़कर कहीं नहीं जाना चाहती थीं। वहीं कीर्तन, भजन, सत्संग करते हुए अपने 'गिरधर नागर' की शरण और कृपा-छाया में रहना चाहती थीं। इसलिए उन्होंने चित्तौड़ से आए लोगों का प्रस्ताव अस्वीकार कर दिया। लेकिन प्रजाजन, कर्मचारी, पुरोहित आदि मीराँबाई को साथ लिये बिना चित्तौड़ जाने को तैयार नहीं थे इसलिए उन्होंने धरना और अनशन प्रारम्भ कर दिया। मीराँबाई ने उन्हें बहुत समझाया लेकिन जब वे किसी भी तरह सन्तुष्ट नहीं हुए तब मीराँ ने कहा कि वे भगवान द्वारिकाधीश की आज्ञा ले आती हैं। श्याम सुन्दर की आज्ञा होने के लिए मन्दिर में गईं मीरा अदृश्य हो गईं।

हो सकता है 'मीराँ सुधा-सिन्धु' में उल्लिखित यह आख्यान सर्वथा कल्पित हो लेकिन मेड़ता और चित्तौड़ से भेजे हुए लोग द्वारिका तो आए थे इतना तो डॉ. शेखावत भी स्वीकार करते हैं। शेष कथा स्वामी आनन्दस्वरूप की एक रिक्त स्थान को भरने की तर्क-संगत चेष्टा हो।

मीराँ की मृत्यु अभी तक भी इतिहास और साहित्य के लिए एक रहस्य-घटना ही रही। उनका देहावसान कब और कैसे, कहाँ, किस आयु में हुआ यह सब अनिश्चित है। इस शोकान्तिका पर महादेवी वर्मा ने दुःखद टिप्पणी करते हुए लिखा है : ''यह स्त्री बड़ी महान थी और उसे संघर्ष भी बहुत करना पड़ा था। उसे तो इतना बड़ा दण्ड मिला कि लोग यह भी नहीं जानते कि वह कहाँ मरी। इतनी महान विभूति का इस प्रकार अज्ञात रूप से मर जाना कम दण्ड नहीं है। मुझे या किसी स्त्री को वैसा दण्ड नहीं मिला। हमारा संघर्ष उसके सामने कुछ भी नहीं है। जो राजस्थान में पूजी जानी चाहिए थी उसे ऐसा कठोर दण्ड मिला। यह अत्यन्त दुःख की बात है। ('मीरा' नाटक में डॉ. राजेन्द्र मोहन भटनागर के आलेख से पृ. 8)

अधिकांश विद्वानों का मत है कि मीराँबाई का देहावसान द्वारिकावास करते ही हुआ था। अन्त तक वे द्वारिका में रहीं। द्वारिकावास के पश्चात् वे किसी अज्ञातवास में नहीं गई जिसकी चर्चा अपुष्ट आधारों पर समीक्षक निरंजन भगत ने की है।

मीराँ की मृत्यु के प्रसंग में डॉ. कल्याणसिंह का यह कथन द्रष्टव्य है : "राठौड़ों की मेड़तिया शाखा के कुल गुरुओं की बहियों में यह स्पष्ट लिखा है कि मीराँबाई का स्वर्गवास वि. सं. 1604 में माह सुदी 5 को हुआ था। उनका दाह संस्कार 'गोमती' के किनारे 'गोमती घाट' पर किया गया था। मीराँ की मृत्यु के पश्चात् मेड़ता और मेवाड़ के लोग वहाँ गए थे। उन्होंने वहाँ बहुत दान-पुण्य किया था। मीराँ की वैकुण्ठी निकाली गई थी। उपरोक्त बहियाँ अत्यन्त विश्वसनीय कही जा सकती हैं क्योंकि इन्हीं के आधार पर मारवाड़ के कुछ इतिहासों की रचना हुई है। इस प्रकार 59 वर्ष की अवस्था में मीराँ स्वर्ग सिधार गईं।" मीराँ की मृत्यु को भक्तों और भावुक जनों ने अलौकिक बनाने के प्रसंग में अतिरंजना से काम लिया है। चित्तौड़ से आए कर्मचारियों और पुरोहितों की हठ से त्रस्त मीराँ जब रणछोड़ जी की अनुम।ते लेने मन्दिर में गईं और पीछी नहीं आईं, तब धार्मिक श्रद्धालुओं के अनुसार वे अपने आराध्य द्वारिका स्थित रणछोड़ जी की मूर्ति में समा गईं। इस मनोरम कल्पना को सत्य प्रमाणित करना असम्भव है। सत्य यह हो सकता है कि सम्पूर्ण जीवन भर सन्ताप और कुटिलताओं से संघर्ष करती मीराँ जब थक चुकी हों तब फिर चित्तौड़ जाकर नई और दूसरी जिन्दगी प्रारम्भ करने के बज़ाय उन्होंने समुद्र में विलीन हो जाना ही उचित समझा हो। इसका कोई प्रमाण नहीं है, यह मीराँ के अद्‌भुत और पराक्रमपूर्ण जीवन के लिए अस्वाभाविक भी लग सकता है लेकिन यह भयावह निर्णय पूरी सामाजिक व्यवस्था के प्रति एक शान्त निःशब्द 'प्रोटेस्ट' भी तो हो सकती है जो कई धीर, वीर और शूरों तक ने इस तरह दर्ज कराई है। मीराँ का इस प्रकार समुद्र में विलीन होकर अपना प्रतिरोध दर्ज कराना उनके संघर्षपूर्ण जीवन को और भी प्रभामय बनाता है।

मीराँबाई की रचनाएँ

कवयित्री मीराँ के नाम से प्रचलित पुस्तकों को तीन श्रेणियों में विभक्तकर उनकी प्रामाणिकता पर विचार किया गया है–

1. टीका ग्रन्थ, गीत गोविन्द की टीका

2. प्रबन्धात्मक रचनाएँ, नरसी का मायरा, सतभामानुरूसण, रूक्मणी मंगल, नरसी मेहता नी हुण्डी, चरीत (चरित्र)

3. स्फुट पद तथा अन्य मुक्तक, फुटकर पद, राग सोरठ का पद, मलार राग, राम गोविन्द, मीरानी गरबी

आलोचक विद्वान इन पुस्तकों का अनुशीलन करने पर कहते हैं कि मीराँ की प्रामाणिक रचनाएँ उनके पद ही हैं लेकिन उनके साथ भी समस्या यह है कि अनेक पद जो मीराँ नाम से लिखे गए हैं अन्य कवियों के हैं। इतना ही नहीं मीराँ के लिखे प्रत्येक पद में भाषा सम्बन्धी अनेक परिवर्तन हो गए हैं और कई पदों में पंक्तियाँ बदल दी गई हैं या घटा-बढ़ी दी गई हैं।

वास्तविकता तो यह है कि मीराँ के अनेक रूपों, अनेक भाषा परिवर्तनों के साथ इतने पद प्रकाशित हैं कि वैज्ञानिक दृष्टि से सम्पादित संस्करण प्रकाशित करना अत्यन्त कठिन हो गया है। जो संग्रह मिलते हैं उनकी वस्तुनिष्ठता संदिग्ध है। भक्तिकाल के कवियों के साथ 'लोक' की घनिष्ठ मैत्री के कारण जो भाषा और भाव के क्षेपक निरन्तर जुड़े हैं, वे रचना का मूल रूप बदल देते हैं। बदलते रहे हैं।

मीराँ की भाषा, शिक्षा, धर्म-सम्प्रदाय, गुरु ज्ञान, जीवन मूल्य और मान्यताओं आदि के सम्बन्ध में अनेक संशय और प्रश्न हैं लेकिन यह स्थिति केवल उन्हीं के साथ नहीं है, पूरा मध्य-काल और सन्तों का जीवन दुविधा और श्रद्धा-आस्था के सन्दर्भों से घिरा है। लेकिन कारलायन कहते हैं "इतिहास में नाम और तारीखों के सिवा सब झूठा है जबकि साहित्य में केवल नाम और तारीखों के सिवा सब कुछ सच है।" सन्तों के सम्बन्ध में यही वास्तविकता है। उनकी शिक्षा, काव्याभ्यास, कला-चिन्तन, उनके लोक-जीवन, आस-पास, पड़ोस, घर-गृहस्थ के बीच और सामाजिक आदान-प्रदान के सहज माध्यमों से ही हुआ है। पाँच सौ वर्ष पहले मध्यकाल के परम अशान्त, विग्रह-पूर्ण सामन्ती समाज में जन्म लेनेवाली कन्या मीराँ की पाठशाला उनका उदारकुल, चतुर्भुज मन्दिर, लोक-जीवन की अकुंठित, साहसिक, उदार धार्मिक परम्पराएँ ही हो सकती थी, हुईं। वे प्रकृति से कवि थीं, प्रत्युत्पन्न मतिवाली, भावुक और आस्थावान। यह देखने की बात है कि आस्थावान होने के कारण अपने समय और सामन्ती समाज के बीच दुर्द्धष 'आत्म-संघर्ष' में वे अपराजित रहीं।

मीराँ के गुरु

"म्हांने सत् गुरू गैल बताजो जी" ऐसा आग्रह करनेवाली मीराँ का कोई गुरू था क्या? शोधकर्ताओं ने अनेक नामों का उल्लेख किया है—रैदासजी का तो प्रायः। मीराँ के जिन पदों को स्वामी आनन्दस्वरूप जी ने संग्रहीत किया है उनमें चार पद ऐसे हैं जिनमें रैदास जी का नामोल्लेख है। यथा—

—नहीं मैं पीहर सासरे, नहीं पियाजी रे साथ,
मीराँ ने गोविन्द मिल्या जी, गुरू मिलिया रैदास।

—गुरू मिल्या म्हाने रैदास, नाम नहिं छोड़ूँ।
दूर पुरबला, लिखिया लेख, राणाजी नाम नहीं छोड़ूँ ॥

—मेरो मन लागो हरि जी सूँ, अब न रहूँगी अटकी।
गुरु मिलिया रैदासजी, दीन्हीं ज्ञान की गुटकी।

—खोजत फिरों भेद वा घर को, कोइ न करते बरवानी।
रैदास सन्त मिलै मोहिं सतगुरू, दीन्हा सुरत सहदानी।

किन्तु इन पदों को मीराँ के पद मानने की सारी सम्भावनाओं को डॉ. सी. एल. प्रभात ने निरस्त कर दिया है। उनके गुरू 'गिरधर गोपाल' ही थे। एक लक्षणा-मूलक पद में मीराँ ने कहा—

दरद की मारी बन-बन डोलूँ, वेद मिला नहिं कोय।
मीराँ के प्रभु पीर मिटै जब, वेद सँवलिया होय।

कवयित्री को कोई वेद, कोई गुरु मिला नहीं। डॉ. कल्याणसिंह शेखावत ने अपनी मान्यता व्यक्त करते हुए लिखा है : मीराँ के साँवरिया गिरधर ही मीराँ के गुरु थे। वैष्णव सम्प्रदाय में इस स्थिति को स्वीकार भी किया गया है जब कि ईश्वर ही गुरु और आराध्य दोनों होते हैं। मीराँ की अपनी आराध्य देव तक सीधी पहुँच थी, सीधा जन्म-जन्मान्तर का परिचय था। 'साँवरिया गिरधर' से मिलने की राह और प्रक्रिया वह स्वयं जानती थी अतः उसे किसी 'बिचौलिए' की आवश्यकता कभी नहीं पड़ी। गुरु भी एक धार्मिक बिचौलिया का काम ही करता है और मीराँ को इस धार्मिक बिचौलिया की कभी आवश्यकता नहीं रही।'' (मीराँबाई का जीवन-वृत्त और काव्य, पृ. 239-40)

मीराँ की कविता

मीराँ की कविता के सन्दर्भ में यह रेखांकित करना आवश्यक है कि वह अवरुद्ध और अशान्त सामाजिक जीवन के बीच लिखी गई है। स्वयं कवयित्री के जीवन पर दृष्टि डालें तो वह ऊँची-ऊँची तरंगों पर बने, हिलते, जादुई घर की तरह लगता है, यायावर का आवेगपूर्ण जीवन। उनकी अनेक और निरन्तर यात्राएँ

तथा अन्त में द्वारका के समुद्र में सदेह विलीन हो जाना 'आत्मानन्द' की तलाश के सिवा मध्य युग के अँधेरे में 'बेजुबान' स्त्री ने अपने जीवन के अर्थ को ढूँढ़ने की आकुल इच्छा भी है। महादेवी जी ने इस प्रसंग का उल्लेख करते हुए लिखा है : इस काल की स्त्री की स्थिति शोचनीय थी। उस समय की नारी के पास मुख ही नहीं था, उसको कहने, सुनाने और वाक्-अभिव्यक्ति के लिए कोई आजादी ही नहीं थी—आप किसी मुख-विहीन स्त्री की कल्पना कीजिए। मध्य युग की नारी 'अनबोली' महिला थी, जिसका कोई चित्र ही नहीं बन सकता। मीराँ का कोई यथार्थ चित्र अब तक नहीं देखा।'' (मीराँ श्रद्धांजलि, मीराँ प्रतिष्ठान महिला मण्डल, उदयपुर, 1975)

जीवन और कविता : अन्तःसम्बन्ध

मीराँ की कविता उनके जीवन और समय का यथार्थ चित्रण है, चित्र-शृंखला की तरह। कविता कई तरह से बोलती है, वह यह चमत्कार भी करती है कि अत्यन्त धीर ओर उदग्र समय को ऐसा रूप, ऐसा छन्द और संगीत दे कि चन्दन वन के आर-पार सुलगती अग्नि को देखा जा सके।

मीराँ ने लिखा ''राणा रूठे नगरी राखे, हरि रूठे कहँ जाणाँ''—बहुत कम कवियों ने इस तरह सत्ता-पुरुष को अकम्पित, अविचलित स्वर में यथार्थ को समझाया है। स्त्री कवयित्रियों में यह हठीली आवाज अकेली मीराँ की कविता में है। राणा के ऐश्वर्य, वैभव या कि संहारक शक्ति के प्रति जरा सी भी आसक्ति या चिन्ता मीराँ के मन में नहीं है। यह एक प्रकार से मनोवैज्ञानिक साधुत्व है और कवयित्री की रचनाओं में सुगन्ध की तरह व्याप्त है। मीराँ ने इस त्याग का वरण सम्पूर्ण मन और इच्छा से किया था इसलिए वह सब कहीं अभिव्यक्ति का सहज गुण जैसा लगता है, न उपदेश की तरह, न व्यंग्य की तरह, न दर्प या दुर्भावना की तरह। कवयित्री मीराँ की कविता का शक्ति-केन्द्र 'माधुर्य' है : अनन्त प्रेम और माधुर्य। वे रसेश्वर कृष्ण की प्रिया और पत्नी होने की कामना करती हैं। महादेवी जी ने एक व्याख्यान में इस तथ्य को रेखांकित किया है। लिखा है ''मीराँ के काव्य में आलोक है, विद्युत है, जिसमें कहीं पर भी किसी के प्रति दुर्भावना नहीं है। यद्यपि सन्तों ने और निर्गुणवादियों ने यदा-कदा समाज और शास्त्रों को भी भला-बुरा कहा है। कबीर ने तो सब की खबर ली है। खूब कठोरता के साथ पण्डित-मुल्ला को भी फटकारा है। किन्तु मीराँ ने केवल मधुर रस बहाया है। मधुर कहा है, उसके पास माधुर्य

के अतिरिक्त कुछ है ही नहीं।"

इसी प्रसंग में डॉ. सी.एल. प्रभात का यह मत भी द्रष्टव्य है : मीराँ का व्यक्तित्व कबीर की तरह आघातप्रिय दुर्दम्य मस्ती तथा नेतृत्व और निर्देशन की अपराजेय आत्मशक्ति से मण्डित नहीं था। निर्द्वन्द्वता उनमें भी थी किन्तु नारी सुलभ समर्पण की कोमल भावना ने उसे उद्दण्ड नहीं होने दिया था। अतएव मीराँ द्वारा कबीर के समान पूर्व प्रचलित मतों का खण्डन-मण्डन सीधे शब्दों में कहीं नहीं हुआ। वे स्वयं आराधना का स्वर थीं, उनका जीवन ही उनका सन्देश था। समाज के लिए कर्तव्य पथ का निर्देशक शब्द उनके पास नहीं था। (मीराँ जीवन और काव्य : द्वितीय खण्ड, पृ. 278)

इस दृष्टि से ही हमें राणा के लिए लिखे पदों पर विचार करना चाहिए। वास्तव में ये पद किसी सिद्धान्त के अन्तर्गत लिखे गए 'नारी स्वातन्त्र्य के पद' नहीं है, वे केवल 'आत्म-रक्षा' के अपनी निष्कलुष आराधना के अधिकार के लिए लिखे पद हैं। मीराँ के कविता की अन्तर्वस्तु 'प्रणय' और 'प्रतीक्षा' है। 'प्रणय और प्रतीक्षा' के आवेग में लिखे गए ये पद 'आन्तरिक विकलता' और 'प्रभु-दर्शन' की वैयक्तिक-कामना के पद भी हो गए हैं।

यह कहने की आवश्यकता प्रतीत नहीं होती कि मीराँबाई के पास विविधतापूर्ण विषय-वस्तुओं की मंजूषा नहीं है। उनकी एकमात्र विषय-वस्तु 'गिरधर नागर और उनकी प्रीत' है। यह प्रीति अबोध बालिका मीराँ के मन में अकारण, अतार्किक रूप से अंकुरित हुई थी। सूर ने इस प्रीति-बन्धन के लिए ही कहा "लरिकाई की प्रीति कहो अलि कैसे छूटे"। मीराँ की प्रीति-गाँठ भी नहीं खुली : "जन्म-मरण का साथी, थाँने नाँ बिसराँ दिन-राती"। किन्तु, 'प्रेम और प्रतीक्षा' की कविता में राजघराने से मिली प्रताड़ना का दंश इतना तीव्र है कि मीराँ की कविताओं का पाठ निरन्तर सामन्तशाही की यातनाओं के बीच गुजारता है और कवयित्री भी इस विदग्ध करनेवाली स्मृति के बीच बार-बार गुजरती रहती है। कभी भी, किसी स्तुति में, किसी लीला गान में, किसी सर्जना की मनःस्थिति में राणा के राज में सही हुई प्रताड़ना कविता का अपरिहार्य और स्वाभाविक हिस्सा बन जाती है। उदाहरण के लिए द्वारका के वास के लिए रणछोड़ राय से की गई इस प्रार्थना-पद की अन्तिम पंक्तियाँ द्रष्टव्य हैं–

राय श्री रनछोड़ दीजै द्वारका को वास।
संख, चक्र, गदा पदुम दरसै मिटै जन की त्रास ॥

सकल तीरथ गोमती के रहन नित्य निवास।
संख झालर झाँझ बाजे सदा सुख की रास ॥
तज्यौ देसरु बेस हूँ तजि तज्यो राना राज।
दास मीराँ लाल गिरधर तुम्हें अब सब लाज ॥

सामाजिक यातनाएँ किस तरह वैयक्तिक कविता-प्रक्रिया की सार्थक और आधारभूत हिस्सा हो जाती हैं यह मीराँ की कविताओं से समझा जा सकता है। राणा को मीराँ अनेक पदों में सम्बोधित करके कविता को प्रत्यक्षतः सामाजिक शक्ति-केन्द्र के साथ होनेवाली सांस्कृतिक मुठभेड़ में बदल देती हैं। एक उदाहरण देखें–

गहना-गाँठी, राणा, हम सब त्यागा, त्यागा कर रो चूड़ो।
काजल टीको हम सब त्यागा, त्यागा बाँधन जूड़ो ॥
मेवा मिसरी म्हैं सब त्याग्या, त्याग्या छै शक्कर बूरो।
तन की आस कबहूँ नहिं कीन्हीं, ज्यों रणा मांही सूरो ॥

राणा और सामन्ती परम्पराओं के साथ मीराँ का संघर्ष विकट है। उसकी विकटता यह है कि वह अपने ही विरुद्ध है, अपना ही अस्वीकार है। जिस परम्परा में, अपने कुल, अपनी संस्कृति, इतिहास-परम्परा की महिमा-मण्डन हुआ है उसका अस्वीकार। यह संघर्ष और उसके भयावह परिणाम इस तरह मध्यकाल के किसी कवि को सहन करने पड़े या नहीं यह गवेषणा का विषय है लेकिन अभी तक जो सूचनाएँ हैं वे यह साक्ष्य देती हैं कि वे केवल मीराँबाई को जीवन का हिस्सा ही थे। स्त्री होकर संघर्ष करना यह इस संघर्ष को और कई-कई तरह से भयावह बना देती है। मीराँ की कविता का सौन्दर्य-शास्त्र इस तरह भक्ति-काल के दूसरे कवियों से एकदम अलग हो जाता है और उनका साहस कबीर से भी कुछ अधिक और प्रतिरोध कुछ अधिक प्रखर।

सामाजिकता और मीराँ की कविता

सामाजिकता की कई आधुनिक साहित्यिक अवधारणाओं को मीराँ की कविताओं का समर्थन नहीं मिलता। उदाहरण के लिए उन्हें सामाजिक बदलाव के लिए किसी माध्यम या हथियार की तरह काम में नहीं ले सकते। वे व्यवस्था के किसी हिस्से का न उपहास करती हैं, न व्यंग्य, न किसी पाखण्ड की पोल खोलती हैं लेकिन स्वयं मीराँ सामन्ती-व्यवस्था के अनेक नजर न आनेवाली

विरोधाभासों और राजवंशों की दम्भपूर्ण कुटिलताओं की यन्त्रणा सहती हैं।

तब भी ध्यान देने की बात है कि मीराँ की कविता और जीवन में कहीं कोई पराजय, कोई उदासी, कोई दंश, कोई पछतावा, किसी भी भर्त्सना करने की इच्छा नहीं है। वे एक अखण्ड रूप और सौन्दर्य की सृष्टि करती हैं जहाँ कृष्ण है, जहाँ हरि आने की पदचाप सुनाई देती है सब तरफ, सब जगह, सब समय "सुनी री मैं तो हरिआवन की आवाज"। यहाँ साधुओं की संगत और नृत्य-उत्सव है। राणा का परिवार छूट गया है तो साधुओं का, सन्तों का परिवार मिल गया है। मीराँ इस परिवार में निस्संकोच निष्कपट मन से नई सामाजिकता की तलाश कर लेती है "सन्तन ढिंग बैठ-बैठ लोक लाज खोई"। यहीं से मध्य युग की अकेली, डरी हुई वर्जनाओं की चाहरदीवारी में घिरी स्त्री की बाहर निकालने की यात्रा शुरू होती है, ऐसी यात्रा जो बाद में लोक और सन्तों के भरोसे सानन्द सम्पन्न होती है।

मीराँ की यात्राएँ उन्हें लगातार लोक-सम्पर्क में रखती हैं, यह सम्पर्क उन्हें अपनी काव्य-भाषा को सजीव, प्रवाहमय, सरल और प्रसाद गुण सम्पन्न बनाने में मदद करता है। यह देखने योग्य है कि मीराँ में विभिन्न जन-समुदायों की भाषा को सीखने की अद्भुत क्षमता है। यह उनके साधु-मना होने का प्रमाण है। मीराँ कई तरह की भाषाओं के मेल, मैत्री से अपने पदों की रचना करती है। श्री कन्हैयालाल माणिकलाल मुंशी ने उनकी साधु-भाषा की प्रशंसा करते हुए लिखा है–"her poetic skill possesses the supreme art of being artless"

कला का अभाव ही उनकी सबसे बड़ी कला है। आडम्बर विहीन पदों के माध्यम से मीराँ अपने भक्त-श्रोताओं के वृहत्तर समुदाय से स्नेह और आदर का सम्बन्ध बना लेती है। कबीर उस साधु-भाषा को 'बहता नीर' कहते हैं। आधुनिक कवियों की पाठक तलाश करने की चिन्ता उनके शुद्धतावादी संस्कार तथा अभिजन-भाषा परिवारों के साथ जुड़कर गहरी हो गई है। लोक का प्रतिनिधित्व करनेवाली भाषा के स्वर धीमे पड़ गए हैं। लोक से अलग होती कविता अब मध्यम वर्ग की सम्पदा होती जाती है। मीराँ की रचनाओं की ओर मुड़कर देखें तो पाएँगे कि वे जैसे राणा कुल की प्रतिष्ठा और सम्पदा के आभिजात्य का थोड़ती जाती है वैसे-ही-वैसे लोक की होती जाती है, उनकी कविता भी लोक-स्वीकृति के बहुआयामों का स्पर्श करती चलती है। कवयित्री मीराँ किसी भाषा, कुल गोत्र, जाति, स्थान की नहीं होतीं : स्थानीय भाषाओं के माधुर्य को ग्रहण करती वे गिरधर नागर की अनेक छवियों का, उनकी प्रतीक्षा

में विरह की विदग्ध घड़ियों का वर्णन करती हैं। वे इस तरह किसी कवि-वंश की नहीं होतीं। किसी एक पद में मीराँ ने लिखा "म्हाँने कोई नहिं रोकण हार, मगन होय मीराँ चली"। भाषा शैलियों की जकड़न से स्वयं को निर्बन्ध करती कवयित्री मीराँ सबकी जानी-पहचानी भाषा को अपनी भाषा बनाकर 'गिरधर नागर' की छाप लगा देती हैं।

भाषा के आभिजात्य तोड़ने के प्रसंग में यह समझ में आने लगता है कि मीराँ के पद लगातार सम्बोधन की लय में बँध जाते हैं। यह एक प्रकार से संवाद की आत्मीयता का प्रारम्भ है, कविता की सारी औपचारिकता छिन्न-भिन्न हो जाती है। उदाहरण के लिए–

–हे री! मैं तो दरद दिवानी, मेरो दरद न जाने कोय।
–राणाजी! हूँ अब न रहूँगी तेरी हट की।
–आली! म्हाँने लागे बृन्दावन नीको।
–रमैया! तुम बिन रह्यो न जाय।
–हो रे राधा! कपटी कान्हा सूँ मत बोल रे।

तथा अनेक पदों के मुखड़ों में सम्बोधन की अनौपचारिक मिठास भक्तों, श्रोताओं को गरमाती रहती है और पूरा पद अनूठे संवाद की सहज शैली में बँधा रहता है। यह भाषा न प्रतीक रचती है और न बिम्ब, न विशिष्टता की तलाश करती है न अद्वितीयता की। जिन पदों में मीराँ अध्यात्म चिन्तन करती हैं वहाँ भी संवाद की शैली बनी रहती है। जैसे–

–मन रे! परस हरि के चरण।
–चलो मन! गंगा-जमुना तीर।
–मन रे! काहे न धीर धरे।
–जोगी! म्हाँने दरस दियाँ सुख होइ।

दूसरे सन्त और भक्त कवियों में मीराँ की तरह अपनी कविता को इस शैली में लोकार्पित करने की उमंग और इच्छा कम नजर आती है।

सामाजिकता और लोक-जीवन के साथ अटूट सम्बन्धों को निभाने के सिलसिले में ही भक्त और सन्त रचनाकार भाषा व्यवहार की दक्षता, पाण्डित्य, परिनिष्ठता को बार-बार छोड़ते नजर आते हैं और पोथी-लेखन की अहमन्यता और कीर्ति-कामना से बचे हैं यद्यपि सुप्रसिद्ध कवि मिल्टन ने कहा है "प्रसिद्धि सज्जनों की अन्तिम दुर्बलता है।" उन्होंने (सन्त, भक्त कवियों) भाषा की

सर्जनात्मक और स्वाधीनता के लिए अन्तिम स्थितियों तक विश्वास किया है, इस सीमा तक भी कि दूसरा, तीसरा पाठ मूल के शब्दों को बदल दे या कठिन, अप्रचलित को सरल बना दे तब भी आपत्तिजनक नहीं है और न तब जब उनके नाम की महिमा और प्रकाश के अन्तर्गत उसी भाषा भाव के अनेक पद जुड़ते चले जाएँ। मीराँ के पदों की संख्या इस स्वाधीनता के कारण सन्देहास्पद हो गई है। यह जो भी हो किन्तु इस तरह सन्तों और भक्तों का कृतित्व और नाम का अहंकार लोकार्पित होता रहा। एक सहिष्णु समाज बनाने में उनका यह अवदान महत्वपूर्ण माना जाएगा।

कृष्ण और मीराँ

एक तरह से देखें तो मीराँ की काव्य-सर्जना कृष्ण तक ही सीमित है और वर्णनात्मकता भी इकहरी है। मीराँ के लिए कृष्ण का किसी मिथकीय पुरुष की तरह अवतार नहीं होता। उनके लिए वे 'अपौरुषेय' भी नहीं हैं, भगवान भी नहीं (कृष्णास्तु भगवान् स्वयं)। मीराँ का जीवन जरूर संतप्त और संतापग्रस्त है। लेकिन वे अपने जीवन की कोई वक्र छाया अपनी रचनाओं पर नहीं पड़ने देतीं। मीराँ के काव्य प्रेमी इस तथ्य को अवश्य जानते होंगे कि उनकी कविता एक आयामी, केवल एक कामना की कविता है। वह एक सपना है जिसकी रचना बहुत से सपनों से हुई है। इन सपनों में एक सपना वह है जिसमें उनका विवाह 'गोपाल' से हो जाता है–

> माई म्हाने सुपना में परणी गोपाल
> राती पीली चूनर पहरी, मेंहदी पान रसाल
> काईं कहाँ और संग भाँवर म्हाँने जग जंजाल
> मीराँ के प्रभु गिरधरलाल सूँ करी सगाई हाल

फिर सपना टूट जाता है। गोपाल के साथ 'परणी' मीराँ का लौकिक विवाह कँवर भोजराज के साथ हो जाता है। अनिच्छा से हुए इस विवाह की संगति दुनिया राणा, पितृ-कुल या पति-कुल के साथ नहीं बैठती। मीराँ उस सपनेवाले गोपाल का साहचर्य पाना चाहती हैं, लेकिन वह स्वप्न है, वे उसी स्वप्न के गोपाल की हुई रहती हैं : मेरे तो गिरधर गोपाल, दूसरों न कोई। उसी की प्रतीक्षा करती हैं (हरि मग जोहत, भईच मासी रैन) मीराँ के सारे पद कृष्ण के रूप-सौन्दर्य और उनकी प्रतीक्षा में 'आकुल-व्याकुल' मनःस्थिति के हैं। उनका

मोहक रूप वे हृदय-आँखों में बसाए रहती हैं।

यह रेखांकित किया जाना चाहिए कि मीराँ की कविताएँ उनके जीवन का स्वर हैं : कृष्ण उस स्वर, उस निवेदन, उस कविता के अन्तरंग श्रोता हैं। कभी भूल न जाएँ, इसलिए बार-बार वे कहती हैं, ''भूल मत ज्याजो जी महाराज'' यहाँ कविता और मीराँ के व्यक्तिगत जीवन की भेद-रेखा मिट जाती है। सम्पूर्ण आयु वे कृष्ण का पति रूप में सपना देखती हैं, साधुओं की संगत करती हैं, भजन कीर्तन गाती हैं। कृष्ण का यह रूप चाक्षुष है–उनके शीश पर मोर मुकुट है, माथे पर तिलक है, कानों में कुण्डल हैं और काली अलकें शोभित हैं। सुन्दर बदन है, कमल दल लोचन हैं, बाँकी चितवन है। निपट बाँकी छवि पर नयन अटक गए हैं। उस रूप पर मन लुभा गया है। इस तरह का वर्णन अन्य सन्त, भक्त कवियों और ब्रजभाषा के रीतिकालीन रसिक कवियों ने किया है लेकिन उन सबके सम्बन्ध कृष्ण से अलग हैं, कुछ भी होकर वे परात्पर परम ब्रह्म हैं। मीराँ का कृष्ण के साथ जो प्रणय सम्बन्ध है, वह देहासक्ति है। कृष्ण के साथ उनका संयोग सुख भी वर्णित है–

साजन म्हारे घर आया हो
जुगाँ जुगाँरी जोवताँ विरहण पिय पाया हो

लेकिन मीराँ के काव्य का विशेष वैभव कृष्ण की अनुपस्थिति, उनका विरह ही है। उनके बिना सारा देश सूना है ''पिया बिन सूनो छे जी म्हारे देस''। मीराँ कृष्ण को इसी भाव में, इसी लोक में, ढोल बजाकर सबके सामने प्राप्त करना चाहती है। उनकी भक्ति का चरम फल कृष्ण है। उनके पदों में अनन्त प्रतीक्षा के फल पाने का अनन्त समय नहीं है। वे अधीरतापूर्वक कहती हैं–

प्यारे दरसण दीज्यो आय, थाँ बिन रह्यो न जाय।

मीराँ की कविता में शिल्प

यह सुनिश्चित है कि मीराँ की कविता का प्रयोजन किसी भी प्रकार की शिल्प-गत चतुराइयों के लिए नहीं था–न यश के लिए, न अर्थ के लिए, न व्यवहारविद् बनने के लिए। वे किसी भी तरह उन कवियों की श्रेणी में नहीं थीं जिन्हें कविताई का शास्त्रीय ज्ञान हो। मीराँ की कविता आत्म-निवेदन की सहज स्फूर्त अभिव्यंजना है। जो बात तुलसीदास जी ने अपने लिए विनयवश कही थी वह कवयित्री मीरा के लिए वास्तविकता है। उन्होंने लिखा–

कवित विवेक एक नहिं मोरे। सत्य कहहुँ लिखि कागद कोरे ॥
कवि न होहुँ नहिं चतुर कहाऊँ। मति अनुसार राम गुन गाऊँ ॥

मीराँ की कविता 'कृष्ण गुणगान' की है। रस, छन्द, अलंकार की दृष्टि से उनकी कविता का विश्लेषण करना उनके काव्य-प्रयोजन को निरादृत करना है, तब भी अनायास उनकी रचनाओं में बिना कठिनाई के अनेक गुण दृष्टिगत होते हैं।

रस

रसों की दृष्टि से मीराँ की कविता में श्रृंगार और शान्त रस का ही आधिक्य है लेकिन उनका श्रृंगार बिहारी, देव, मतिराम की तरह उद्दीपन-विभाव के लिए नहीं है। बिहारी की तरह वहाँ परकीया-प्रेम भी नहीं है। यहाँ कृष्ण अभिसार के लिए कहीं से आते नहीं हैं और न लौटते हैं। वे मीराँ के हृदय में निवास करते हैं। मीराँ ने अपने एक पद में लिखा है—

औरन के परदेस बसत पिय लिख-लिख भेजत पाती।
मोरे पिया मोरे हृदय वसत है, ना कहुँ आती-जाती।

रस की स्थिति का सार-संक्षेप देते हुए डॉ. प्रभात ने लिखा है : सत्य है कि उन्होंने रस को नहीं देखा, वे सदा रसिक या रसेश को देखती रहीं।

छन्द

मीराँ के पास अनेक छन्दों की सम्पदा नहीं है। वे तुलसी, केशव की तरह विभिन्न छन्दों का अपनी भावाभिव्यक्ति के लिए प्रयोग नहीं करतीं। वे पद-रचना करती हैं। गीतिकाव्य के लिए पद ही सबसे श्रेष्ठ माध्यम और छन्द है। कृष्ण का रूप-सौन्दर्य, कृष्ण से प्रणय, कृष्ण की प्रतीक्षा यही तीन विषय मीराँ की कविता की वर्ण्य-वस्तु हैं। तीव्र अनुभूति के इन विषयों को मीराँ ने पदबद्ध किए हैं जो सरस शब्द और सराग स्वर में 'मणि-कांचन' की तरह गुँथ गए हैं। ''अपने युग के अन्य महान् भक्तों की तरह उन्होंने भी अपनी आत्माभिव्यक्ति के लिए 'गेय-पद' को चुना जो साहित्य और संगीत की मिलन भूमि पर जन्मा काव्य-रूप है और जिसमें भावधर्मी शब्द-साधना संगीत के स्वर-विधान में आकार ग्रहण करती है। (डॉ. सी.एल. प्रभात) यह कहना कठिन

है कि इन पदों को स्वयं कवयित्री ने राग-निबद्ध किया था या अन्य संगीतकारों ने, जो मीराँ के प्रशंसक रहे हों या स्वतन्त्र संगीतज्ञों ने। मीराँ की संगीत शिक्षा कब और कहाँ हुई इसकी भी जानकारी नहीं मिलती। तब भी यह गणना की गई है कि उनके पद 27 रागों में गाए जा सकते हैं। 'मीराँ की मल्हार' तो सुप्रसिद्ध है ही 'कल्याण' और 'मारू' राग में उनके उत्तम पद हैं।

नरोत्तम स्वामी के अनुसार भावावेश, संगीतात्मकता और प्रसाद-माधुर्य-गुण सम्पन्न भाषा के कारण वे पद गीति-काव्य के उत्कृष्ट उदाहरण हो गए हैं। गीति-तत्व 'लिरिसिज्म' के बारे में डॉ. प्रभात ने लिखा है 'पश्चिमी काव्य-शास्त्र द्वारा निर्धारित लिरिक' के लक्षण मीरा में अनायास ही आ गए हैं। संवेदना, वैयक्तिकता, अन्विति और गेयता चारों इनके पदों में हैं।

अलंकार

मीराँ अनुभूति की कवयित्री हैं इसलिए उनमें अलंकरण और कविता के बाह्य-उपादानों को ढूँढ़ना व्यर्थ है। अँग्रेजी कवि कीट्स ने लिखा है कि कविता मेरे मन में उतनी सहजता से, स्वाभाविक रूप से आए जैसे वृक्षों में पत्ते, अगर इस तरह नहीं तो बेहतर है कि फिर नहीं। मीराँ के पास कविता इस सहजता से ही आई थी इसीलिए उन्हं कविता के बाहरी उपादानों की विशेषता अलंकारों की आवश्यकता नहीं हुई। किन्तु स्वाभाविक रूप से जहाँ अलंकार आए हैं वे उनकी कविता को आभामय बना देते हैं। उत्प्रेक्षा के ये दो उदाहरण देखें–

(क) अंग खीण, व्याकुल भया मुख पिव पिव वाणी हो।
ज्यूँ चातक घन कूँ रटै, मछरी ज्यूँ पाणी हो ॥

(ख) कुण्डल झलकाँ कपोल अलकाँ लहराई।
मीनाँ तज सरवर ज्यों मकर मिलण धाई।

रूपक –तन मन बार्‌या हरि चरणाँ में दरसण-अमृत पास्याँ री।

काव्यलिंग –भज मन चरण कमल अनिवासी।
ज़ेताई दीखे धरणि गगन बिच तेता सब उठ जासी।

अनुप्रास –कुटिल, भृकुटि, तिलक भाल, चितवन में टोना।
खंजन अरू मधुप मीन, भूले मृग-छोना।

उपसंहार

मीराँ धार्मिक कवियों की श्रेणी में नहीं आतीं क्योंकि वे किसी अलौकिक या लोकोत्तर कामना की कवयित्री नहीं हैं। जिस अधीरता से वे कृष्ण की प्रतीक्षा करती हैं ''मेड्याँ चढ़-चढ़ पंथ निहारूँ कब आवैं महाराज'' वह तीव्र लौकिक इच्छा का उदात्तीकरण ही है जो कविता का एक मुख्य प्रयोजन है। यह लौकिक इच्छा ही उन्हें लोक-जीवन की सरल, कोमल किन्तु समस्त राजसी अहमन्यता को अपदस्थ करनेवाली, धार्मिक रूढ़ियों के अस्वीकार की क्रान्तिकारी कवयित्री बनाता है।

कवयित्री मीराँ की कविता किसी परम्परागत काव्य-शास्त्र से नहीं परखी जा सकती। वह रचना के सम्पूर्ण समाज शास्त्रीय तथा वैयक्तिक प्रतिमानों और आवेशों से गुजरकर एक शान्त आलोक में विलीन हो जाती है।

मुझे नाभादास जी के जिस छप्पय से शुरू करना था उसे अन्त में उद्धृत करता हूँ–

सदरिश गोपिन प्रेम प्रगट कल जुगहिं दिखायौ।
निरअंकुस अति निडर रसिक जस रसना गायौ।
दुष्टिन दोस बिचारि मृत्यु को उद्दमि कीयो।
बाल न बाँको भयो गरल अमृत ज्यों पीयो।
भक्ति निसान बजाय के काहुन तें नांहिन लजी।
लोक लाज कुल श्रृंखला तजि मीराँ गिरधर भजी।

30 अहिंसापुरी,
उदयपुर

नन्द चतुर्वेदी

सन्दर्भ सूची

1. महादेवी वर्मा, मीराँ श्रद्धांजली, मीराँ प्रतिष्ठान, महिला मण्डल, उदयपुर, 1975
2. डॉ. कल्याणसिंह शेखावत, मीराँबाई का जीवनवृत्त एवं काव्य : हिन्दी साहित्य मन्दिर, रातानाड़ा, जोधपुर, 1974
3. डॉ. मंजु चतुर्वेदी, मीराँ : राजस्थान हिन्दी ग्रन्थ अकादमी, जयपुर, 2002
4. डॉ. कल्याणसिंह शेखावत, पूर्वोद्धृत (पृ. 46)
5. डॉ. सी. एल. प्रभात, मीराँबाई : जीवन और काव्य (द्वितीय खंड), राजस्थानी

ग्रन्थागार, जोधपुर, 1999

6. डॉ. हुकुमसिंह भाटी, मीराँबाई : ऐतिहासिक व सामाजिक विवेचन : रतन प्रकाशन, रातानाड़ा, जोधपुर (पृ. 17)
7. डॉ. सी. एल. प्रभात, पूर्वोद्धृत (पृ. 141)
8. डॉ. सी. एल. प्रभात, पूर्वोद्धृत (पृ. 146)
9. डॉ. सी. एल. प्रभात, पूर्वोद्धृत (पृ. 151)
10. डॉ. हुकुमसिंह भाटी, पूर्वोद्धृत (पृ. 19)

इस संकलन के बारे में

इस समय में, उत्तर आधुनिकता के आसपास भी, मीराँ की कविताएँ पढ़ना दुर्लभ अनुभव है। किसी भी कवि के लिए वह दूसरे की रचना पढ़ने के अभ्यास के साथ अपनी सर्जना के बहुत से पक्षों का साक्षात्कार भी है। मीराँ को पढ़ते ही प्रेम की वे मनोरमताएँ दिखने लगती हैं जो शरीर की और रूप-लावण्य की हैं और वह सामर्थ्य भी जो शरीर के अतिक्रमण में है। वे पूरी तरह, पूरे विवेक के साथ कृष्ण प्रेम में डूबी हुई अद्भुत कवयित्री है। भक्तिकाल का कोई कवि इस तरह इतनी आसक्ति से प्रेम नहीं करता, निस्सन्देह वह प्रेम के बारे में अद्भुत सूक्ति-कथन करता है।

मीराँ के पास कोई विषय नहीं है, बुद्धि के, तर्क के, लौकिक ज्ञान के या चित्तरंजन के। केवल कृष्ण हैं, गोविन्द और गिरधर नागर के रूप में। इस तरह वे एक आयामी कवयित्री हैं। यह आयाम भी सुविस्तृत नहीं है, कृष्णलीलाओं अथवा अलौकिक गाथाओं से विरचित। मीराँ केवल 'प्रतीक्षा' को पदों में बाँधती हैं। थोड़े से संसार-विरक्ति के पद भी हैं। लेकिन सामान्यतया मीराँ का स्वभाव प्रेमानुरागिनी स्त्रियों-जैसा ही है। वे कालिदास की स्त्रियों जैसी नहीं हैं 'अपश्यम् सूर्यम' सूर्य तक को न नजर आनेवाली। मीराँ, कभी भी, यहाँ तक सर्जना के उत्कृष्टतम क्षणों में भी विशेष नहीं होतीं। रचनाओं में भी वे कृष्ण को स्त्री की सम्पूर्ण गरिमा के साथ समर्पित रहती हैं—पत्नी की तरह। इतने सहज भाव से, जीवन को निर्विशेष उपाधि के साथ स्वीकार करने की ताकत मीराँ के अतिरिक्त भक्तिकाल के किसी कवि में नजर नहीं आती।

किन्तु इतनी सहज रचनाओं की कवयित्री का संकलन तैयार करना कम कठिन नहीं रहा। सबसे बड़ी कठिनाई तो इन कविताओं की प्रामाणिकता को लेकर ही रही। कौन सा पद मीराँ का है, कौन सा नहीं? कोई भी सम्पूर्ण पद, कहीं भी यथावत् या अखण्ड नहीं है। भाषा का एक रूप, छन्द की एक लय,

गति-भंग रहित चरण, लगभग असम्भव है। किसी शैली को स्वीकार करना जितना कठिन है, उतना ही कठिन उसके अस्वीकार का है।

फिर भाषा। किस भाषा-कुल की कवयित्री हैं मीराँ? पुरानी राजस्थानी, ब्रज, गुजराती या 'सधुक्कड़ी' कीं? किस तरह की भाषा है 'सधुक्कड़ी'? क्या सब भाषाओं का अनायास मेल? लोक भाषा से अलग है 'सधुक्कड़ी'? क्या अपना बनाने के लिए मीराँ अनुरागियों ने उनकी रचनाओं को अपनी भाषा में रच लिया? पाठ्य-पुस्तकों में मीराँ के पद सरल ब्रजभाषा के लगते हैं। क्या ऐसी ललित गुजराती में लिखी थीं मीराँ ने कविताएँ? क्या बिना साधना, शिक्षा-दीक्षा के काव्य-भाषा सिद्ध हो जाती है?

इसी तरह किंवदन्तियों के प्रसंग की कठिनाइयाँ हैं? आधुनिक जीवन के साथ उनका मेल लगभग असम्भव है। उन्हें विष देना, सर्प का 'शालिग्राम' हो जाना? किस तरह का विष था कि मीराँ पीकर भी जीवित रहीं? किस चमत्कार से सर्प 'शालिग्राम' या 'नौसर हार' हो गया? प्राकृतिक पदार्थों के या जीव-जन्तुओं के गुण-धर्म, आकृतियाँ बदल सकती हैं? क्या वे सदेह रणछोड़ राय की मूर्ति में विलीन हो गई थीं या यातनाओं से संत्रस्त, सशंकित, समुद्र में विलीन हो गई थीं? कितने पद लिखे होंगे कवयित्री मीराँ ने? प्रसिद्ध साहित्य इतिहासकार डॉ. मोतीलाल मेनारिया ने मेरे प्रश्न करने पर कहा : ''यही कोई तीन चार।'' कौन से तीन-चार? मेनारिया जी चुप रहे? मीराँ किस कृष्ण-भक्ति सम्प्रदाय से सम्बद्ध थीं? किस अर्थ में वे धार्मिक कवयित्री थीं? इत्यादि अनेक अनुत्तरित संशयों के बीच यह संकलन तैयार किया है।

यह संकलन तैयार करते समय कई बार यह तथ्य, यह बात ध्यान में आई है कि मीराँ के दहकते हुए जीवन में से मलयानिल की तरह कविता आती है? क्या यह प्रतिवाद, प्रतिरोध की कविता है? क्या कोई कविता इस तरह सामाजिक-बदलाव के लिए सार्थक, प्रासंगिक हो सकती है?

मीराँ की कविता वास्तव में यहीं 'कवि-कर्म' की सबसे जटिल चुनौती उपस्थित करती हैं। वे क्रूरतम सामन्ती-समाज की यातनाएँ सहती हैं और उसी आविभाज्य जीवन में से विक्षोभ रहित पद रचती हैं और तब भी हम यह भूलते नहीं हैं कि क्लेशों के अग्नि-कुण्ड में वे बैठी हैं। उनकी कविता इस तरह एक भिन्न संघर्ष-अनुभव, यातना-बोध की कविता हो जाती है।

मैं अनुभव करता हूँ कि मीराँ की पद-रचनाओं का यह संकलन उनके आवेगमय जीवन को उनकी कविता के साथ देखने का अवसर देगा। प्रायः हम जीवन की रोशनी में कविता की व्याख्या करते हैं लेकिन मीराँ की कविता

इस अर्थ में महत्वपूर्ण है कि उससे जीवन भी व्याख्यायित होता है। मीराँ की कविता उनके निष्कलुष, निर्भीक, निष्कपट, मन को समाज के साथ रखती हैं और उनकी भाषा शुद्धतावादी आभिजात्य के दर्प को तोड़ती है।

यह संकलन महात्मा गांधी अन्तर्राष्ट्रीय हिन्दी विश्वविद्यालय के कुलपति और कवि अशोक वाजपेयी की प्रेरणा से तैयार किया है। इस प्रयत्न ने मुझे कविता के पूरे पदृिश्य को अनेक तरह से और रूढ़ि-मुक्त होकर देखने का अवसर दिया है। मैं उनका आभार व्यक्त करता हूँ। मैं उन सभी पद-संग्रहों के सम्पादकों का आभारी हूँ विशेषतया 'मीराँ सुधा सिन्धु' के (स्व. स्वामी आनन्दस्वरूप) तथा मीराँ मुक्तावली के (प्रो. नरोत्तमदास स्वामी) का जिनका मैंने इस संग्रह में उपयोग किया है। मैं विद्वद्वर डॉ. सी.एल. प्रभात, प्रो. डॉ. कल्याणसिंह शेखावत, डॉ. हुकुमसिंह भाटी, डॉ. मंजु चतुर्वेदी का भी कृतज्ञ हूँ, जिनकी शोध दृष्टियों और पुस्तकों से मैंने बार-बार सहायता ली है।

मैं अकादमिक विभाग के निदेशक भाई डॉ. अपूर्वानन्द जी का भी कृतज्ञ हूँ, जिनके सहयोग से यह संग्रह इस रूप में आ सका।

भक्तिकाल के कवि हमारे आज के अशान्त, कांचन-प्रेमी समय और समाज को शान्त और सहिष्णुता का आलोक देते हैं यह निर्विवाद है। मीराँ गांधीजी के लिए प्रेम और करुणा की आदर्श थीं। विश्वविद्यालय का पाठ्यक्रम भी इस आदर्श का हिस्सा ही है। रहे।

नन्द चतुर्वेदी

सन्दर्भ पुस्तक-सूची

1. (स्वामी) आनन्दस्वरूप : मीराँ सुधा-सिन्धु
2. श्री अखण्डानन्द (अनुवादक) : श्रीमद्भागवत् माहात्म्य
3. ओमानन्द सरस्वती एवं सत्यनारायण समदानी : मीराँ का व्यक्तित्व और कृतित्व
4. अवीरचन्द्र प्रसादसिंह : सूफीमत उद्भव और विकास
5. आलमशाह खान : मीराँ का लोकतात्विक अध्ययन
6. भवानीशंकर उपाध्याय : मीराँ श्रद्धांजलि
7. ब्रजेश्वर : हिन्दी के वैष्णव कवि
8. भुवनेश्वरनाथ मिश्रा माधव : प्रेम योगिनी मीराँ
9. भगवानदास तिवारी : मीराँ का काव्य
10. डॉ. बेचैन : भक्ति साहित्य के प्रेरक तत्व
11. बलदेव उपाध्याय : हिन्दी साहित्य का वृहद् इतिहास (प्रथम भाग), हिन्दी साहित्य के मूलाधार
12. डॉ. ब्रजेश्वर शर्मा : हिन्दी साहित्य कोश
13. डॉ. भोलानाथ मिश्र : हिन्दी सन्त साहित्य में प्रतिबिम्बित समाज
14. डॉ. भुवनेश्वर मिश्रा माधव : मीराँ का काव्य
15. डॉ. भुवनेश्वर मिश्रा माधव : मीराँ की प्रेम साधना
16. गौरीशंकर हीराचन्द ओझा : उदयपुर राज्य का इतिहास
17. डॉ. जी. एन. शर्मा : भक्त मीराँबाई
18. गिरेन्द्र नारायण मलिक : दि फिलोसॉफी ऑफ वैष्णव रिलिजन
19. डॉ. गोविन्द त्रिगुणावत : हिन्दी की निर्गुण काव्यधारा और उसकी दार्शनिक पृष्ठभूमि
20. डॉ. हजारीप्रसाद द्विवेदी : हिन्दी साहित्य की भूमिका, कबीर, हिन्दी साहित्य का आदिकाल

21. डॉ. हजारीप्रसाद द्विवेदी : हिन्दी साहित्य का उद्‌भव और विकास, संस्कृत महाकाव्यों की परम्परा
22. हरविलास सारदा : महाराणा साँगा
23. कल्याणसिंह शेखावत : मीराँ का जीवन वृत्त एवं काव्य
24. कृष्णचन्द्र शास्त्री : भक्त मीराँबाई, भक्त मीराँबाई—लोकजीवन और पद परम्परा
25. के. दामोदरन : भारतीय चिन्तन की परम्परा
26. कन्हैयालाल शास्त्री : प्रेम दीवानी मीराँ
27. श्रीकृष्णलाल शास्त्री : मीराँबाई
28. कृष्णदेव शर्मा : मीराँबाई पदावली
29. डॉ. मलिक मोहम्मद : वैष्णव भक्ति आन्दोलन का अध्ययन
30. डॉ. एम. जार्ज : भक्ति आन्दोलन और साहित्य
31. डॉ. मुंशीराम : भक्ति का विकास
32. डॉ. मजूमदार : दि एज ऑफ इम्पीरियल यूनिटी
33. डॉ. महावीरसिंह गहलौत : मीराँ जीवनी और काव्य
34. मौरेश्वर दिनकर (अनुवादित) : वैदिक जीवनी और काव्य
35. एम.आर. साखरे : हिस्ट्री एण्ड फिलोसॉफी ऑफ लिंगायत रिलिजन
36. मुरलीधर श्रीवास्तव : मीराँ दर्शन
37. मुक्तिनाथ चतुर्वेदी : रामचरित मानस में भक्ति निरूपण
38. नाभादास : भक्तमाल सटीक
39. प्रियादास की टीका
40. तुकाराम बाबच्या ची अभंगा ची गाथा
41. नारायणसिंह भाटी : मीराँ
42. नरोत्तम स्वामी : मीराँ मुक्तावली
43. श्री परशुराम चतुर्वेदी : मीराँबाई की पदावली
44. प्रतापचन्द जैसवाल : भक्ति साहित्य
45. राजेन्द्रमोहन भटनागर : मीराँ
46. डॉ. रामगोपाल शर्मा 'दिनेश' : हिन्दी शिव का उद्‌भव और विकास, भक्त मीराँबाई की भक्ति और साम्प्रदायिक सद्‌भाव, मीराँ : जीवन और काव्य,
47. रामधारीसिंह दिनकर : संस्कृति के चार अध्याय
48. डॉ. रतिभानुसिंह नाहर : भक्ति आन्दोलन का अध्ययन

49. रामचन्द्र पंगारकर : श्री ज्ञानेश्वर चरित्र
50. रामकुमार वर्मा : हिन्दी साहित्य का आलोचनात्मक इतिहास
51. रामचन्द्र शुक्ल : हिन्दी साहित्य का इतिहास
52. रमा भार्गव : भक्ति काव्य की परम्परा में मीराँ
53. रामचरण शर्मा : मीराँ के माधुर्य भाव
54. शम्भुसिंह मनोहर : मीराँ पदावली
55. शलभ, दिनकर, चन्द्र मोहन हिमकर : मीराँ स्मृति ग्रन्थ
56. एस. वी. वर्धराज अय्यंगर : नलपीर दिव्य प्रबन्धन
57. सरनामसिंह : रामानुजाचार्य विशिष्टाद्वैतिक भक्ति दर्शन
58. सुरेन्द्रदास गुप्त : दि हिस्ट्री ऑफ इण्डियन फिलोसॉफी
59. शिवकुमार मिश्र : भक्ति काव्य और लोक जीवन
60. सुनीतिकुमार चटर्जी : राजस्थानी भाषा
61. डॉ. सत्येन्द्र : ब्रज साहित्य का इतिहास
62. डॉ. सी. एल. प्रभात : मीराँ—जीवन को काव्य खण्ड 1, 2
63. सुकुमार सेन : बंगला साहित्येत्तर कथा
64. तपेश्वरनाथ प्रसाद : हिन्दी काव्य में कृष्ण चरित्र का भावात्मक विकास
65. विश्वनाथ त्रिपाठी : मीराँ का काव्य
66. (स्वामी) विवेकानन्द : भक्ति रहस्य
67. वाचस्पति गेरूला : संस्कृति साहित्य का इतिहास, शिव पुराण

पत्र-पत्रिकाएँ

1. अखण्ड ज्योति—साधना विशेषांक
2. लोकनिधि मीराँ
3. कल्याण-भक्ति अंक
4. शोध पत्रिका अंक (2)
5. स्मारिका, मीराँ उत्सव
6. कृति ओर
7. रंगायन
8. कला-प्रयोजन
9. मधुमती
10. प्रतिश्रुति

अनुक्रमणिका

1. अटकी मैं नाहिं रहूँगी 129
2. अब तो निभायाँ सरेगी 153
3. अब नहिं माँनू राणा 135
4. अब तो हरी नाम लौ लागी 75
5. अच्छे मीठे चाख-चाख 73
6. आवो मनमोहना जी जोऊँ थाँरी बाट 66
7. आवो मनमोहना जी! मीठा थाँरा बोल 57
8. आली म्हाँने लागै वृन्दावन नीको 101
9. आली री! मेरे नैणाँ बाण पड़ी 104
10. इक अरज सुणो पिय मोरी 117
11. उड़ जावो म्हारी सोन चड़ी 112
12. ऐरी! तेरी कौन जात पनिहारी 102
13. ऐसे पिय जानन दीजै हो 95
14. ऐसे प्रभु जाण न दीजे हो 96
15. ऐसी लगन लगाय कहाँ तूँ जासी 111
16. कहाँ कहाँ जाऊँ तेरे साथ कन्हैया 102
17. करम गति टारै नाहिं टरे 105
18. कर्मन की जो गति न्यारी 94
19. कृष्ण पिऊ मेरी रंग दे चुंदड़ियाँ 97
20. काँई थारो लागै छै गोपाल 121
21. कोई कछू कहे मन लागा 85
22. कोइ कहियो रे प्रभु आवन की 89
23. किण संग खेलूँ होली 118
24. गली तो चारों बन्द हुईं 702

25. गोविन्द कबहुँ मिले पिव मेरा 54
26. ग़र आँगण न सुहावै 115
27. चालो अगम के देस 45
28. चालो मन! वा जमना के तीर 95/59
29. छोड़ मत ज्याजोजी महाराज 137
30. जाओ हरि निरमोहिया रे जाणी थाँरी प्रीत 88
31. जागो बंसीवारे ललना 133
32. जोगिया जी छाइ रह्या परदेस 74
33. जोगिया रे तू कबहूँ मिलोगे मोकूँ आय 74
34. जोगिया तें जुगत न जाणी हो 76
35. जोगिया जी दरसण दीजो आइ 77
36. जोगी मत जा, मत जा, मत जा 132
37. जागी म्हाँने दरस दियाँ सुख होइ 132
38. जोगीयारी सूरत मन में बसी 79
39. जोसीड़ा ने लाख बधाई रे 100
40. जो तुम तोड़ो पिया मैं नाहीं तोड़ूँ 154
41. ज्यूँ जाणो ज्यूँ लीज्यों सजन सुध 151
42. जोगिया से प्रीत कियाँ दुख होइ 77
43. झूलत राधा संग गिरधर 157
44. डार गयो रे गले मोहन पाँसी 125
45. तनक हरि! चितवो जी मोरी ओर 63
46. तुम बिना मोरी कौन खबर ले 120
47. तुम सुणौ दयाल म्हाँरी अरजी 133
48. तेरा मेरा जियड़ा कैसे एक होय 122
49. तेरो मरम नहिं पायो रे जोगी 79
50. तेरो कोई नहिं रोकणहार 141
51. थें म्हारी सुध ज्यूँ जाणूँ ज्यूँ लीज्यौ 90
52. थें कहो ने जोशी राम मिलण कद होशी 110
53. देखो सहियाँ हरि मन काठो कियो 93
54. दरस बिन दूखन लागे नैण 69
55. द्वारिका को बास हो मोहि द्वारिका को बास 86
56. नमो नमो तुलसी महारानी 71

57. नहिं अैसो जनम बारम्बार 47
58. न भावे थाँरो देसड़लो जी रंगरूड़ो 140
59. पग घुँघरू बाँधि मीराँ नाची 56
60. पतियाँ मैं कैसे लिखूँ लिखि ही न जाइ 52
61. पपइया रे! पिव की वाणी न बोल 114
62. परम सनेही राम की नित ओलूँ रे आवै 128
63. पायो जी म्हैं तो, राम रतन धन पायो 81
64. पिया इतनी विनती सुण मोरी 93
65. पिया तेरे नाम लुभाणी हो 82
66. पिया बिनि रह्योई न जाइ 62
67. पिया बिन सूनो छै जी म्हाँरो देस 55
68. पिया मोहि दरसण दीजै हो 131
69. प्रभुजी! थें कहाँ गया नेहड़ो लगाय 60
70. प्रभु बिन ना सरै माई 53
71. प्रभु से मिलना कैसे होय 94
72. प्यारे दरस दीज्यो आय 69
73. फागुन के दिन चार रे, होली खेल मना रे 80
74. बड़ै घर ताली लागी रे 78
75. बदला रे तू जल भरि लायो 156
76. बरजी मैं काहू की नाहिं रहूँ 128
77. बरसै बदरिया सावन की 157
78. बसो मेरे नैनन में नन्दलाल 86
79. बादल देख डरी हो स्याम 158
80. बाला! मैं बैरागण हूँगी 48
81. बिरहिण बावरी सी भयी 55
82. बँसीवारा! आज्यो म्हारै देस 51
83. भज मन चरण कँवल अविनासी 50
84. भवन पति तुम घर आज्यो हो 88
85. मत डारो पिचकारी 80
86. मन रे परसि हरि के चरण 107
87. मन लाग्या मेरा राम फकीरी में 106
88. माई मेरे नैनन बान परी 126

89. माई म्हाँने सुपना में परणी गोपाल 122
90. माई म्हाँने सुपने में परण गया जगदीश 123
91. माई री मैं तो लियो गोविन्दो मोल 96
92. माई! म्हारै निरधन रो धन राम 81
93. माई म्हारी हरि जी न बूझी बात 87
94. मिलता ज्याजोहो गुरुज्ञानी 84
95. मीराँ मगन मई हरि के गुण गाय 136
96. मीराँ रंग लागो राम हरी 64
97. मेरे तो गिरधर गोपाल 146
98. मेरे नैना निपट बंकट छवि अटके 98
99. मेरे प्रियतम प्यारे राम कूँ... 52
100. मेरो मन राम-हि-राम रटै 48
101. मेहा बरसबो कर रे 50
102. मैंने राम रतन धन पायो 48
103. मैं तो गिरधर के घर जाऊँ 56
104. मैं जाण्यो नाहीं प्रभु को मिलण कैसे होइ री 54
105. मैं हरि बिन क्यूँ जीऊँ री माइ 68
106. मैं बिरहणि बैठी जागूँ 111
107. मैं बैरागण बैठी जागूँ 113
108. मैं तो नहीं रहूँ राणाजी थाँरा देस में 145
109. मैं गिरधर के रँग राती 158
110. मैं तो साँवरे के रंग राँची 142
111. मोहि लागी लगन गुरु चरणन की 85
112. मनै चाकर राखो जी 58
113. म्हारे घर होता ज्याजो राज 57
114. म्हारे जनम मरण रा साथी 65
115. म्हारा सतगुरु वेगा आज्यो जी 83
116. म्हारा ओलगिया, घर आज्यो जी 91
117. म्हारी सुध ज्यूँ जाणो त्यूँ लीजो 137
118. म्हाँरे डेरे आज्यो जी महाराज 151
119. म्हारे घर आज्यो जी प्रीतम प्यारा 152
120. माई मैं तो गोविन्द सो अटकी 92

121. यह विधि भक्ति कैसे होय 108
122. या मोहन के मैं रूप लुभानी 98
123. या ब्रज में कछु दख्यो री टोना 103
124. रमइया बिना रह्योइ न जाय 65
125. रमैया बिन नींद न आवे 155
126. राणाजी थें जहर दियो म्हे जाणी 119
127. राणाजी हूँ अब न रहूँगी तेरी हटकी 119
128. राणाजी थें क्याँने राखो म्हाँसू बैर 136
129. राणा म्हें तो गिरधरिये रंग राती 143
130. राणाजी म्हें तो गोविन्द के गुण गास्याँ 144
131. राणाजी म्हाँने या बदनामी लागै मीठी 147
132. राणाजी म्हें तो गिरधर रा गुण गास्याँ 160
133. राणो म्हारो काँई करि है... 147
134. राणैं म्हाँनै ऐसी कही महाराज 152
135. राम नाम रस पीजै 49
136. राम मिलन कै काज 109
137. रे पपइया प्यारे कब को बैर चितार्‌यौ 126
138. राणाजी! म्हारे गिरधर प्रीतम प्यारो 138
139. लागी मोहि राम खुमारी हो 46
140. वै न मिले जिनकी हम दासी 130
141. सइयाँ तुम बिनि नींद न आवै 158
142. सखि! म्हारो कानूड़ो कलेजे की कोर 59
143. साँवलिया! म्हारै आज रंगीली गणगोर छै 51
144. साँवरा बिन नींद न आवै 125
145. साँवरियाँ रंग राती राणा में 129
146. साजन बेगा घर आज्यो हो 130
147. साँवरा म्हारी प्रीत निभाज्यो जी 150
148. साँवरिया म्हारी प्रीतलड़ी तो न्हिभाज्यो 149
149. सुनी हो मैं हरि आवन की आवाज 156
150. सुदामा कूँ देखत राम हँसे 62
151. सूरत पर वारी जाऊँ नागरनन्दा 72
152. सीसीद्यो रूठ्यो तो म्हाँरो काँई कर लेसी 134

153. सिसोद्यो राणा प्यालो म्हाँने क्यूँ रे पठायो 134
154. स्याम तेरी आरति लागी हो 67
155. श्री गिरधर आगे नाचूँगी 148
156. साध आया हो राणा! 138
157. सजन! सुध ज्यूँ जाणो 60
158. सहलियाँ साजन घर आया हो 99
159. सखि मेरी नींद नसानी हो 109
160. हमने सुणी छे हरि अधम उधारण 153
161. हरि तुम काहे को प्रीत लगाई 101
162. हरि तुम हरो जन की भीर 150
163. हरि मेरे नयनन में रहियो 149
164. हरि मेरे जीवन प्रान अधार 139
165. हरि के चरणों में चित जागो 124
166. हरि बिन मेरी कौन खबरि ले 120
167. हरी बिन कूण गती मेरी 61
168. हे री मैं तो प्रेम दिवानी 110
169. हेली! म्हाँसूँ हरि बिन रह्यो न जाय 127
170. होजी! हरि कित गए नेह लगाय 87
171. होली पिया बिन लागै खारी 116

1

चालो अगम के देस
काळ देखत डरै
वहाँ भरा प्रेम का हौज, हंस केला सै
ओढण लज्जा चीर, धीरज को घाघरो
छिमता कांकण हाथ, सुमत को मूँदसो
दिल दुलड़ी दरियाव, साँच को दोवड़ो
उबटण गुरु को ग्यान, ध्यान को धोवणो
कान अखोटा ग्यान, जुगत को झूटणो
बेसरि हरि को नाम, चूड़ो चित ऊजळो
जीहरि सील-सन्तोष, निरत का घूँघरो
बिन्दली गज और हार, तिलक गुरु-ग्यान को
सजि सोळह सिणगार, पहरि सोनै राखड़ी
साँवळिया सूँ प्रीत, औराँ सूँ आखड़ी

अगम = ईश्वर; देखत = जिसको देखकर; हौज = पानी का हौज; पानी 1. जल, 2. ईश्वरीय प्रेम; हंस = 1. पक्षी, 2. मुक्त आत्माएँ; केलाँ = क्रीड़ाएँ; ओढण = ओढ़ने के लिए; चीर = वस्त्र; धीरज = धैर्य; घाघरो = लहँगा; छिमता = क्षमता, क्षमा; कांकण = कंगन; सुमत = सद्‌बुद्धि; मूँदरो = अँगूठी; दुलड़ी = दो लड़ की माला; दिल दरियाव = समुद्र की तरह विशाल, अर्थात् उदार हृदय; साँच = सत्य; दोवड़ी = आभूषण विशेष; धोवणो = सफाई, धुलाई; अखोटा = कान का आभूषण; जुगत = युक्ति, ईश्वर प्राप्ति का उपाय; झूटणो = झूमका कान का आभूषण; बेसिर = नाक का गहना; चूड़ो = हाथीदाँत की चूड़ियाँ; ऊजळो = उज्ज्वल; जीहरि = पैरों का एक आभूषण; निरत = निरति का; घूँघरो = घुँघरू; तिलक = माथे का एक गहना; सोनै = सोने की; राखड़ी = सिर का गहना; औराँ = दूसरों; आखड़ी = अप्रेम, विरक्ति, दूर रहने का नियम।

2

लागी मोहि राम-खुमारी हो।
रिमझिम वरसै मेहड़ा, भीजै तन सारी हो
चहुँदिस चमकै दामणी, गरजै घन भारी हो
सतगुर भेद बताइया, खोली भरम-किंवारी हो
सब घट दीसै आतमा, सबही सूँ न्यारी हो
दीपग जोऊँ ग्यान का, चढ़ूँ अगम अटारी हो
मीराँ दासी राम की, इमरत बलिहारी हो

खुमारी = नशे के बाद की थकावट, यहाँ नशे की मस्ती; रिमझिम = रिमझिम शब्द के साथ; मेहड़ा = प्रेम का मेह; भीजै = भीगती है; तन सारी = समस्त देह (या शरीर की साड़ी); दामणी = बिजली, ईश्वरीय ज्ञान का प्रकाश; भेद = रहस्य; किंवारी = किंवाड़, कपाट, पर्दा; खोली = दूर कर दिया; भरम = भ्रम, अज्ञान; घट = हृदयों में; दीसै = दिखाई पड़ती है; न्यारी = जो सबसे अलग और असम्पृक्त है; दीपग = दीपक; जोऊँ = जलाऊँ; ग्यान = ज्ञान; अगम = अगम्य, जहाँ अत्यन्त कठिनता से जाया जा सके; अटारी = अट्टालिका (ईश्वरीय लोक); इमरत = अमृत, इस ईश्वरीय प्रेम रूपी अमृत पर।

(1) कहै कबीर फाबी मतिवारी
पीवत रामरस लागी खुमारी ॥ कबीर

(2) बरस्या बादल प्रेम का, भीजि गया सब अंग। कबीर

3

नहिं ऐसो जनम बारम्बार
का जानूँ, कछु पुण्य प्रगटे, मानुसा अवतार
बधत छिन-छिन, घटत पल-पल, जात न लागै वार
बिरछ के ज्यों पात टूटे, बहुरि न लागै डार
भौसागर अति जोर कहियै, अनँत ऊंडी धार
राम-नाम का बाँध बेड़ा, उतर परले पार
ग्यान-चौसर मण्डी चोहटै, सुरत पासा पार
या दुनिया में रची बाजी, जीत भावैं हार
साधु सन्त महन्त ग्यानी, चलत करत पुकार
दासि मीराँ लाल गिरधर, जीवणो दिन च्यार।

का जानूँ = क्या जाने; मानुसा अवतार = मनुष्य जन्म (मिला); वधत = आयु बढ़ती है; जात = नष्ट होते हुए; वार = विलम्ब; बिरछ = वृक्ष; पात = पत्र, पत्ते; बहुरि = फिर, पुनः; अति जोर = अत्यन्त प्रबल; अनँत = अनन्त, अपार; ऊंडी = गहरी; परले पार = उस पार; ग्यान चौसर = ज्ञान की चौसर का खेल; मण्डी = बिछी है (मण्डित); चौहटै = बाजार में, संसार में; सुरत = ईश्वर का ध्यान; पासा = चौसर खेलने के पासे; पार = फेंक; रची बाजी = खेल बना हुआ है; भावैं = चाहे; ग्यानी = ज्ञानी; जीवणो = जीना, जीवन; दिन चार = थोड़े दिन।

4

मेरो मन राम-हि-राम रटै
राम-नाम जप लीजै प्राण, कोटिक पाप कटै
जनम-जनम के खत जु पुराने, नामहि लेत फटै
कनक-कटोरै इमरत भरियो, पीवत कूण नटै
मीराँ के प्रभु हरि अविनासी तन-मन ताहि पटै।

5

बाला! मैं बैरागण हूँगी
जिहि-जिहि भेख मेरो साहब रीझै, सोइ-सोइ भेख करूँगी
सील सन्तोस धरूँ घर भीतर, समता पकड़ रहूँगी
प्रेम-प्रीति सूँ हरि-गुण गाऊँ, चरणन लिपट रहूँगी
या तन की मैं करूँ किंगरी, रसना राम कहूँगी
मीराँ के प्रभु गिरधर नागर, साधाँ संग रहूँगी

रटै = रटता है; कोटिक = करोड़ों; खत = ऋणपत्र, दस्तावेज; कनक कटोरे = सोने के कटोरे में; नट = मना करता है; ताहि = उसके; पटै = अधीन।

वाला = हे प्यारे (वल्लभ); वैरागण = वैरागिनी; हूँगी = बनूँगी; जिहि = जिस; भेख = वेश; साहब = स्वामी; रीझै = प्रसन्न हो; धरूँ = धारण करूँ; घट भीतर = हृदय में; समता = समता का भाव, सुख-दुःख आदि द्वंन्द्वों में समान भाव; किंगरी = एक ताँत का बाजा विशेष; रसना = जिह्वा से; साधां =साधुओं के, हरिभक्तों के।

6

राम-नाम-रस पीजै,
मनवा! राम-नाम-रस पीजै
तजि कुसंग सतसंग बैठि नित हरि-चरचा सुणि लीजै
काम क्रोध मद मोह लोभ कूँ, चित से वहाय दीजै
मीराँ के प्रभु गिरधर नागर, ता के रंग में भीजै

7

मैंने राम रतन धन पायो
वसत अमोलक दी मेरे सतगुर, करि किरपा अपणायो
जनम-जनम की पूँजी पायी, जग में सबै खोवायो
खरचै नहिं कोई चोर न लेवै, दिन-दिन वधत सवायो
सत की नाव खेवटिया सतगुर, भवसागर तरि आयो
मीराँ के प्रभु गिरधर नागर, हरखि-हरखि जस गायो

मनवा = हे मन; तज = त्याग कर; चर्चा = कथा; ता के = उस प्रभु के।

वसत = वस्तु; अमोलक = अमूल्य; किरपा = कृपा; अपणायो = अपना बनाया; जनम-जनम की = अनेक जनमों की संचित; खोवायो = खो दिया; वधत = बढ़ती है; सवायो = अधिकाधिक; खेवटिया = खेनेवाले कर्णधार; हरखि = हर्षित होकर; जस = यश, गुण।

8

मेहा! वरसबो कर रे
आज तो रमइयो म्हारै घर रे
नान्ही नान्ही बूँदन मेहा वरसै, सूखे सरवर भर रे
बहुत दिनन पै प्रीतम पायो, बिछुड़न को मोहि डर रे
मीराँ कह अति नेह जुड़ायो, मैं लियो पुरवलो वर रे।

9

भज मन! चरण-कँवल अविनासी
जेताइ दीसै धरणि-गगन विच तेताई सब उठ जासी
इस देही का गरब न करणा, माटी में मिल जासी
यो संसार चहर की बाजी, साँझ पड़्याँ उड़ जासी
कहा भयो है भगवा पहृरयाँ, घर तज भये संन्यासी
जोगी होइ जुगति नहिं जाणी, उलटि जनम फिर आसी
अरज करूँ अवळा कर जोरे, स्याम! तुम्हारी दासी
मीराँ के प्रभु गिरधर नागर। काटो जम की फाँसी।

मेहा = हे मेह, हे मेघ; वरसबो कर = बरसता रहा घर = घर पर ही; नान्ही = छोटी; मेहा = वर्षा; जुड़ायो = जोड़ा, किया; लियो = पाया; पुरवलो = पूर्व का, पूर्व जन्मों का।

अविनासी = ईश्वर के; जेताइ = जितने भी; धरणि = पृथ्वी; तेताइ = उतने ही; गरब = गर्व, अभिमान; चहर की बाजी = चिड़ियों का खेल (या चौसर की बाजी); कहा भयो = क्या लाभ हुआ; जुगति = युक्ति; उलटि आसी = लौट आएगा; जम = यम।

10

बँसीवारा! आज्यो म्हारै देस
थाँरी साँवरी सूरत, बाळी वैस
'आऊँ, आऊँ' कर गया साँवरा, कर गया कौल अनेक
गिणताँ-गिणताँ घस गई म्हारी, आँगळियाँ री रेख
मैं वैरागण आदि की, थारै म्हारै कद रो सनेस
विन पाणी विन सावण साँवरा! होइ गई थोइ सपेत
जोगण होय जंगळ सब हैरूँ, नाँव न पायो भेस
तेरी सूरत कै कारणै धर लिया भगवाँ भेस
मोर मुकुट पीताम्बर सोहै, घूँघरवाळा केस
मीराँ के प्रभु गिरधर मिलियाँ, दूणो वधै सनेस

11

साँवळिया! म्हारै आज रंगीली गणगोर छै
काळी-पीळी बादळी चमकै, मेघ-घटा घणघोर छै।
दादुर मोर पपीहा बोलै, कोयल कर रही सोर छै।
मीराँ के प्रभु गिरिधर नागर, चरणाँ में म्हांरो जोर छै।

बाळी = बालक, की छोटी; आदि की = आरम्भ की; कब रो = कब का; सनेस = स्नेह; सपेत = सफेद; हेरूँ = देखूँ; नाँव न पायो भेस = न तुम्हारा नाम मिला, न रूप मिला; भगवाँ = जोगिया; दूणो = दोगुना; वधै = बढ़ता है।

रंगीली = रंग-बिरंगी, आनन्दमय; घणघोर = बादलों की गर्जना; सोर = शब्द करना; जोर = बल, अधिकार।

12

मेरे प्रियतम प्यारे राम कूँ, लिख भेजूँ रे पाती
स्याम सनेसो कबहुँ न दीन्हो, जाणि-बूझ गुझबाती
डगर बुहारूँ, पंथ निहारूँ, जोइ-जोइ अँखियाँ राती
राति-दिवस मोहि कल न पड़त है, हियो फटत मेरी छाती
मीराँ के प्रभु कब रे मिलोगे, पूरब जनम का साथी।

13

पतियाँ मैं कैसे लिखूँ लिखि ही न जाइ,
कलम धरत मेरो, कर कम्पत, हिरदो रह्यो घरराइ
वात कहूँ मोहि वात न आवै, नैण रहे झरराइ
किस विध चरण-कँवल मैं गहि हौं,सबहि अंग थरराइ
मीराँ कहै प्रभु गिरधर नागर, सबही दुःख विसराइ

पाती = पत्रिका; सनेसो = सन्देश; गुझवाती = छिपाव, रहस्य (गुह्य वार्ता); डगर = रास्ता; जोइ-जोइ = मार्ग देख-देखकर; राती = लाल; हियो मेरी छाती = मेरा हृदय, मेरी छाती फटते हैं। पूरब जनम का साथी = पहले के जन्म-जन्म के साथी।

पतियाँ = पाती; धरत = पकड़ते ही; घरराना = धड़कना; वात कहूँ = यदि बात कहना चाहती हूँ तो; आवै = ध्यान में आती है; झरराना = आँसू बहाना; गहिहौं = पकड़ूँगी; थरराना = काँपना; विसराइ = भुला देते हैं, उनके कारण मनुष्य सब दुःखों को भूल जाता है।

14

प्रभु बिन ना सरै माई।
मेरा प्राण निकस्या जात, हरी विन ना सरै माई।
मीन दादुर बसत जल में, जल से उपजाई।
मीन जल से बाहर कीना, तुरत मर जाई।
काठ लकरी वन परी, काठ घुन खाई
ले अगन प्रभु डार आये, भसम होइ जाई
वन-वन ढूँढत मैं फिरी, आली! सुधि नहीं पाई
अेक वेर दरसण दीजै, सब कसर मिटि जाई
पात ज्यों पीरी पटी अरु विपत तन छाई
दासि मीराँ लाल गिरध, मिल्या सुखदाई।

ना सरै = नहीं काम चलता; माई = हे अम्मा, हे सखी!; कमठ = कछुआ; उपजाई = उत्पन्न होता है; कीना = किया; कसर = कमी; पात = पत्ता।

15

मैं जाण्यो नाँही, प्रभु को मिलण कैसे होइ री
आये मेरे सजना, फिरि गए अँगना, मैं अभागण रही सोइ री
फारूँगी चीर, करूँ गळ कंथा, रहूँगी वैरागण होइ री
चुरियाँ फोरूँ, माँग बखेरूँ, कजरा मैं डारूँ धोइ री
निस-वासरि मोहि विरह सँतावै, कल न परत पल मोइ री
मीराँ के प्रभु हरि अविनासी, मिलि बिछरो मति कोइ री

16

गोविन्द कबहुँ मिलै पिव मेरा
चरण-कँवल कूँ हँसि-हँसि देखूँ, राखूँ नैणाँ नेरा
निरखण कूँ मोहि चाव घणेरा, कब मुख देखूँ तेरा
व्याकुल प्राण धरत नहिं धीरज, मिलि तू मीत! सबेरा
मीराँ के प्रभु गिरधर नागर! ताप-तपन बहुतेरा

सजना = सजन, प्रियतम (स्वजन); फिरि गए अँगना = आँगन में आकर लौट गए; फारूँगी चीर = अपना बहुमूल्य वस्त्र फाड़ दूँगी; करूँ = पहनूँगी; गळे = गले में; कंथा = गुदड़ी; पल = पलभर के लिए; मोइ = मुझे।

कबहुँ = कभी, क्या कभी; नेरा = निकट; चाव = इच्छा, उमंग; घणेरा = बहुत; सबेरा = शीघ्र; ताप-तपन = सन्ताप और जलन; बहुतेरा = बहुत।

17

पिया बिन सूनो छै जी म्हाँरो देस
ऐसा है कोइ पिव कूँ मिलावै, तन-मन करूँ सब पेस
तेरे कारण-वन वन डोलूँ, कर जोगण को भेस
अवधि वदीती, अजहुँ न आये, पंडर होइ गए केस
मीराँ के प्रभु कब रे मिलोगे, तज दियो नगर नरेस

18

विरहिणी वावरी-सी भयी
सूने भवन पै ठाढि होइ कै, टेरत आह दयी
दिन नहिं भूख, रैण नहिं निंदरा, भोजन-भावन गयी
लेकिर अँचरो अँसुवन पूँछै, ऊघरि गात गयी
मीराँ कह मनमोहन प्यारे, जाताँ कछु न कही

सूनो = शून्य, निरानन्द; ऐसा है = क्या कोई ऐसा व्यक्ति है; जोगण = जोगिनी; वदीती = व्यतीत हुई; अजहुँ = अभी तक। पंडर = पांडुर; श्वेत = बहुत समय व्यतीत हो गया, इतना कि वृद्धावस्था आ पहुँची; तज.....नरेश = राजा के देश को मैंने छोड़ दिया या मेरे राजा ने, जान पड़ता है, यह नगर भी छोड़ दिया।

टेरत = आह भर-भरकर पुकारती है; निन्दरा = निद्रा; भावन = भावना, इच्छा; गयी = चली गई; अँचरो = आँचल को; ऊघरि = शरीर में खुल गई, शरीर विवस्त्र हो गया, कपड़ों की भी सुध न रही; प्यारे = प्यारे ने; जाताँ = प्रवास को चलते समय; कछु = कुछ भी बात।

19

मैं तो गिरधर के घर जाऊँ
गिरधर म्हारो साँचो प्रीतम, देखत रूप लुभाऊँ
रैण पड़ै तब ही उठि जाऊँ, भोर भये उठि आऊँ
रैण-दिनाँ वा के संग खेलूँ, ज्यूँ-त्यूँ ताहि रिझाऊँ
जो पहिरावै सोई पहरूँ, जो देवै सो खाऊँ
मेरी उण की प्रीत पुराणी, उण विन पल न रहाऊँ
जहाँ बैठावे तित ही बैठूँ, बेचै तो बिक जाऊँ
मीराँ के प्रभु गिरधर नागर, बारबार बलि जाऊँ

20

पग घुँघरू बाँधि मीराँ नाची,
मैं तो मेरे नारायण सूँ, आपहि हो गयी साची
लोग कहै, मीराँ भई बावरी, न्यात कहै कुळ-नासी
विस का प्याला राणा भेज्या, पीवत मीराँ हाँसी
मीराँ के प्रभु गिरधर नागर, सहज मिले अविनासी।

लुभाऊँ = मुग्ध होऊँ; रैण = रजनी, रात; ज्यूँ-त्यूँ = जैसे हो वैसे, सब प्रकार से; रहाऊँ = रहूँ; तित ही = वहीं।

आपहि = अपने ही आप, बिना प्रयास; साची = सच्ची; न्यात = कुटुम्ब के लोग, बिरादरी (सं. ज्ञाति); कुळ-नासी = कुल का नाश करनेवाली; विस = विष; पीवत = पीती हुई, पान करते समय; हाँसी = हँस पड़ी, हँस दी, हँसते हुए पी गई; सहज = सहज रूप से, अनायास।

21

आवो मन-मोहना जी! मीठा थाँरा बोल
बाळपणी की प्रीत रमइयाजी!, कदे नहिं आयो थाँरो तोल
दरसण विन मोहि जक न परत है, चित मेरो डाँवाडोल
मीराँ कहैं मैं भयी रावरी, कहो तो बजाऊँ ढोल

22

म्हारे घर होता जाज्यो राज
अवकै जिन टाळा दे जावो, सिर पर राखूँ विराज
म्हें तो जनम-जनम की दासी, थे म्हाँका सिरताज
पावणड़ा म्हाँके भला ही पधारो, सब ही सुधारण काज
म्हेतो बुरी छाँ, थांकै भली है घणेरी, तुम हो एक रसराज
थानै हम सबहिन की चिन्ता, तुम सबके हो गरिब-निवाज
सबके मुगट-सिरोमिन सिर पर, मानूँ पुण्य की पाज
मीराँ के प्रभु गिरधर नागर, बाँह गहे की लाज।

तोल आयो = तुम्हारा व्यवहार मैं नहीं समझ पाई; जक = चैन; रावरी = आपकी; ढोल बजाऊँ = ढोल बजाकर घोषणा करूँ।

म्हारे.....राज = हमारे घर पर होते हुए जाना; राज = श्रीमान, आप; जिन = मत, नहीं; टाळा दे जावो = बात को टाल जाओ; विराज = शोभायमान, शोभा के साथ; पावणड़ा = पाहुने; भला = नीके; घणेरी = बहुत सी; रसराज = सब रसों के राजा; थानै = आपको; गरिब-निवाज = दीन प्रतिपालक; मानूँ = मानो; पाज = सरोवर की पार, सीमा (स. पद्या); बाँह गहे की = अपना लिये की।

23

मनै चाकर राखो जी।
मनै चाकर राखो जी।
चाकर रहसूँ, बाग लगासूँ, नित उठ दरसण पासूँ
विन्द्रावन की कुंज-गलिन में, तेरी लीला गासूँ
चाकरी में दरसण पाऊँ, सुमिरण पाऊँ खरची
भाव-भगति जागीरी पाऊँ, तीनों वाताँ सरसी
मोर-मुगट पीताम्बर सोहै, गळ वैजन्ती माळा
विंद्रावन में धेनु चरावै, मोहन मुरली वाळा
हरे-हरे नित वन्न बनाऊँ, विच-विच राखूँ क्यारी
साँवरिया के दरसण पाऊँ, पहर कुसुम्भी सारी
जोगी आया जोग करण कूँ, तप करणै संन्यासी
हरी-भजन कूँ साधू आया विंद्रावन के वासी
मीराँ के प्रभु गहिर गम्भीरा, सदा रहो जी धीरा
आधी रात प्रभु दरसण दैहैं, जमनाजी के तीरा।

मनै = मुझे; चाकर = नौकर, सेवक; पासूँ = पाऊँगी; गासूँ = गाऊँगी; चाकरी में = सेवा की मजदूरी के रूप में; सुमिरण = स्मरण को; खरची = हाथ खर्च के रूप में; भावभगति = भक्ति-भाव; जागीरी = जागीर; सरसी = पूरी होंगी (या सरस); वन्न = वन, बाग, पौधों का समूह; कुसुम्भी = कुसुमी रंग की, लाल रंग की; करण कूँ = करने को; करणे = करने को; गहिर गम्भीरा = गम्भीर स्वभाव वाले; धीरा रहो = धैर्य रखो।

24

चालो मन! वा जमना के तीर
वा जमना को निरमळ पाणी, सीतल होत सरीर
वंसी बजावत गावत कान्हो, संग लियाँ बळवीर
मोर-मुगट, पीताम्बर सोहै, कुण्डल झळकत हीर
मीराँ के प्रभु गिरधर नागर, चरण-कमळ पै सीर

25

सखी! म्हारो कानूड़ो कळेजे की कोर
मोर-मुगट पीताम्बर सोहै, कुण्डल की झकझोर
वृन्दावन की कुंज-गलिन में, नाचत नन्द-किसोर
मीराँ के प्रभु गिरधर नागर, चरण-कँवल चित-चोर

कान्हो = सं. कृष्ण, अप. कण्ह; बळवीर = भैया बलराम को; झलकत = चमकते हैं; हीर = हीरे; सीर = सिर, माथा (सं. शिरः); चरण....सीर = मैं उनके कमल जैसे कोमल चरणों में प्रणत हूँ।

म्हारो = मेरा; कानूड़ो = कन्हैया; कोर = टुकड़ा, अंश; कलेजे की कोर = बहुत प्यारी वस्तु; झकझोर = जगमगाहट, चौंधिया देनेवाला प्रकाश; कुंज-गलिन में = कुंजों के मार्गों में; चित-चोर = चित्त को चुरानेवाले।

26

प्रभुजी! थें कहाँ गया नेहड़ो लगाय।
छोड़ गया अब कोन बिसासी, प्रेम की बाती बलाय।
बिरह समन्द में छोड़ गया छो, नेह की नाव चलाय।
मीराँ के प्रभु कबरे मिलोगे, तुम बिन रह्योइ न जाय।

27

सजन ! सुध ज्यूँ जाणो ज्यूँ लीजै हो।
तुम बिन मोरे और न कोई। क्रिपा रावरी कीजै हो।
दिन नहिं भूख रैण नहिं निन्दरा। यूँ तन पल पल छीजै हो।
मीराँ के प्रभु गिरधर नागर। मिल बिछुड़न मत कीजै हो।

थें = आप; नेहड़ो = स्नेह; बलाय = जलाकर; समन्द = समुद्र; कबरे = कब।

सजन = हे प्रियतम!; ज्यूँ जाणो ज्यूँ = जैसे भी ठीक समझो; क्रिपा = कृपा; रावरी = आपकी; छीजै = क्षीण होता है; बिछुड़न = वियोग।

28

हरि बिन कूण गती मेरी।
तुम मेरे प्रतिपाल कहिये, मैं रावरी चेरी ॥
आदि अन्त निज नाँव तेरो, हीया में फेरी।
बेर बेर पुकार कहूँ प्रभु आरति है तेरी ॥
यौ संसार विकार सागर बीच में घेरी।
नाव फाटी प्रभु पाल बाँधो बूड़त है बेरी ॥
बिरहणि पिव की बाट जोवै राखल्यौ नेरी
दासि मीराँ राम रटत है मैं सरण हूँ तेरी ॥

कूण = कौन; गती = शरण; प्रतिपाल = रक्षक, प्रतिपालक; हीया = हृदय; फेरी = स्मरण करती हूँ; आरति = व्याकुलता; पालि बाँधो = पाल बाँधना; बूड़त = डूबती है; बेरी = नाव; नेरी = निकट, पास।

29

पिया बिनि रह्योई न जाइ।
तन मन मेरो पिया पर वारूँ, बार-बार बलि जाइ ॥
निस दिन जोऊँ बाट पिया की, कबरे मिलोगे आई।
मीराँ के प्रभु आस तुमारी, लीज्यौ कण्ठ लगाइ ॥

30

सुदामा कूँ देखत राम हँसे
फाटी फूलड़ियाँ, पाँव उभाणै, चलताँ चरण घसे
बाळपणै का मिन्त सुदामा, अब क्यूँ दूर बसे?
कहा भावज ने भेट पठायी, तान्दुल तीन पसै
कित गयी प्रभु! मोरी टूटी टपरिया, हीरा-मोती-लाल कसे
कित गयी प्रभु! मोरी गउअ न बछिया, द्वारा विच हसती फँसे
मीराँ के प्रभु गिरधर नागर, सरणै तोरे वसे।

राम = कृष्ण; सुदामा = कृष्ण का विद्यार्थी जीवन का मित्र; कूँ = को; फूलड़ियाँ = जूतियाँ; फाटी = फाटी हुई, ऐसी कि पैर लगभग नंगे ही रहें; उभाणै = नंगे, खुले हुए; चलताँ = चलते हुए; घसे = घिस गए; बाळपणै का = बाल्यकाल का; मिन्त = मित्र; भावज = भाभी; तान्दुल = तन्दुल, चावल; पसै = पसर, आधी अँजली, मुट्ठी; टपरिया = कुटिया; लाल = मणि; कसे = जड़े हुए हैं; गउअ न बछिया = गाय है न बछड़ी; द्वारा विच = द्वार के बीच में; हसती = हस्ती, हाथी; फँसे = खड़े हैं; सरणै = शरण में।

31

तनक हरि! चितवो जी मोरी ओर
हम चितवत, तुम चितवत नाहीं, दिल के वडे कठोर
मेरे आसा चितवनि तुमरी, और न दूजी दौर
तुम-से हमकूँ कब रे मिलेंगे, हम-सी लाख-करोर
ऊभी-ठाढी अरज करत हूँ, अरज करत भयो भोर
मीराँ के प्रभु हरि अविनासी! देस्यूँ प्राण अंकोर।

तनक = थोड़ा सा, जरा; चितवो = देखो; वडे = बड़े; चितवनि = (कृपा की) दृष्टि; दौर = दौड़, शरण, दौड़कर, जिसका आश्रय लिया जाए; ऊभी = खड़ी हुई; भयो भोर = सारी रात बीत गई; अंकोर देस्यूँ = भेंटकर दूँगी, न्यौछावर कर दूँगी।

32

मीराँ रंग लागो राम हरी
और सबन रंग अटक परी
चूड़ो म्हारै तिलक अरु माळा, सील वरत सिणगारो
और सिंगार म्हारै दाय न आवै, यो गुरु-ग्यान हमारो
कोइ निन्दो कोइ विन्दो, म्हे तो गुण गोविन्द का गास्याँ
जिण मारग म्हाँरा साध पधारे, उण मारग म्हे जास्याँ
चोरी न करस्याँ, जिव न संतास्याँ, काँई करसी म्हाँरो कोइ
गज से उतर खर नहिं चढ़स्याँ ये तो वात न होइ
गिरधर कंथ, गिरधर धन म्हारै, मात-पिता वोइ भाई
थे थारै म्हे म्हारे राणाजी यूँ कहे मीराँबाई

रंग लागो = प्रेम का रंग लग गया; राम हरी = भगवान का; सबन = सब; अटक = बाधा, रुकावट; परी = पड़ गई; सील वरत = शील का व्रत; सिणगारो = शृंगार; दाय = पसन्द; गुरु-ग्यान = गुरु का दिया हुआ ज्ञान; निन्दो = निन्दा करो, बुराई करो; विन्दो = निन्दो के जोड़ का निरर्थक शब्द; निन्दो-विन्दो = निन्दा करो (या वन्दो, प्रशंसा करो); गास्याँ = गाऊँगी; मारग = मार्ग; साध = साधु, महात्मा; जास्याँ = जावेंगी; करस्याँ = करेंगी; संतास्याँ = सतावेंगी; कांई करसी = क्या करेगा; चढस्याँ = चढ़ेगी; गज से....चढ़स्याँ = हाथी से उतरकर गधे पर नहीं चढूँगी, अर्थात् श्रीकृष्ण को अपनाकर सांसारिक विषयों की ओर उन्मुख नहीं होऊँगी; ये तो इ. = अब यह बात नहीं हो सकती; कंथ = कंत, पति। बोई = वही; थे थारै म्है म्हारे राणाजी = राणाजी! आप अपने रहिए, मैं अपने रहूँगी अर्थात् अब आपका और मेरा कोई सम्बन्ध नहीं है; यूँ = इस प्रकार।

33

म्हारे जनम-मरण रा साथी! थांने नहिं बिसरूँ दिन राती।
थाँ देख्याँ बिन कल न पड़त है, जाणत मेरी छाती।
ऊँची चढ़-चढ़ पंथ निहारूँ, रोय-रोय अँखियाँ राती।
यो संसार सकल जग झूठो, झूठा कुल रा न्याती।
दोउ कर जोड़्याँ अरज करूँ छूँ, सुण लीज्यो मेरी बाती।
यो मन मेरो बड़ा हरामी, यूँ मदमातो हाथी।
सतगुरु हाथ धरयो सिर ऊपर, आँकुस दै समझाती।
पल-पल पिव को रूप निहारूँ, निरख-निरख सुखपाती।
मीराँ के प्रभु गिरधर नागर, हरि चरणाँ चित राती।

34

रमइया बिन रह्योइ न जाय।
खान पान मोहि फीको-सो लागे, नैणा रहे मुरझाय।
बार बार मैं अरज करूँ छूँ, रैन गई दिन जाय।
मीराँ कहै हरि तुम मिलियाँ बिन, तरस-तरस तन जाय।

बिसरूँ = भूलूँ; राती = लाल हो गई है; कुल रा = कुटुम्बी, सगे-सम्बन्धी; बाती = बात, प्रार्थना; कुचाली = दुष्ट; मदमातो = हाथी के समान मस्त, किसी की न सुननेवाला; आँकुस = अंकुश; निरख-निरख = देख-देखकर।

रह्योइ न = रहा ही नहीं जाता; फीको = नीरस, बेस्वाद।

35

आवो मन मोहना जी जोऊँ थाँरी बाट।
खान पान मोहि नेक न भावै नैणन लगे कपाट।
तुम आयाँ बिन सुख नहीं मेरे दिल में बहोत उचाट।
मीराँ कहै मैं भई रावरी छाँडो नाहिं निराट।

बाट = मार्ग; नेक = जरा भी; कपाट = पलक रूपी किवाड़ नहीं लगते, नींद नहीं आती पलक नहीं लगते; उचाट = उदासी; निराट = असहाय।

36

स्याम तेरी आरति लागी हो।
गुरु परतापे पाइया तन दुरमति भागी हो।
या तन को दियना करों मनसा करों बाती हो।
तेल भरावों प्रेम का, बारों दिन राती हो।
पाटी पारों ज्ञान की मति माँग सँवारो हो।
तेरे कारन साँवरे धन जोबन वारों हो।
या सेजिया बहु रंग की बहु फूल बिछाये हो।
पंथ मैं जोहों स्याम का अजहूँ नहिं आये हो।
सावन भादो ऊमड़ो बरषा रितु आई हो।
भौंह घटा घन घेरि के नैनन झरि लाई हो।
मात पिता तुमको दियो तुम ही भल जानो हो।
तुम तजि ओर भतार को मन में नहिं आनों हो।
तुम प्रभू पूरन ब्रह्म को पूरन पद दीजै हो।
मीराँ व्याकुल बिरहनी अपनी करि लीजै हो।

परतापे = प्रताप से। गुरु परतापे....भागी हो = गुरु प्रताप से भगवदानुभव पाकर दुर्मति नष्ट हो गई; दियना = दीपक; मनसा = मन की; या तन को....राती हो = प्रेम रूपी तेल से भरे इस तन रूपी दीपक में मन रूपी बत्ती बनाकर उसे रात दिन जलाती हूँ। काया, वाचा, मनसा भगवतप्रेम में लवलीन रहती हूँ; पाटी पारों = केश सँवारना; मति = बुद्धि; भतार = पति।

यह निर्गुण भाव का पद है। प्रत्येक पद में प्रभु प्राप्त करने की उत्कट भावना चित्रित हुई है। अन्त में प्रभु पद की प्राप्ति के लिए प्रार्थना अथवा एक बार अपने प्रियतम में मिलकर सदा के लिए वियोग-व्यथा से मुक्त हो जाने की पुकार है।

37

मैं हरि बिन क्यों जिऊँ री माइ।
पिव कारण बौरी भई ज्यूँ काठहि घुन खाइ।
ओखद मूल न सँचरै मोहि लाग्यो बौराइ।
कमठ दादुर बसत जल में जलहि ते उपजाइ।
मील जल के बिछुरै तन तलफि करि मरि जाइ।
पिव ढूँढण बन-बन गई कहुँ मुरली धुनि पाइ।
मीराँ के प्रभु लाल गिरधर मिलि गये सुखदाइ।

जिऊँ = जीवित रहूँ; काठहि = लकड़ी को; घुन = कीड़ा; ओखद = औषध, दवाई; सँचरै = प्रभाव, असर; बौराइ = पागलपन; कमठ = कछुआ; दादुर = मेंढक; मीन = मछली; ढूँढरा = ढूँढ़ने।

38

दरस बिन दूखण लागे नैन।
जब से तुम बिछुड़े मेरे प्रभुजी, कबहुँ न पायो चैन।
सबद सुणत मेरी छतियाँ काँपै, मीठे लागै बैन।
विरह-कथा का सूँ कहूँ सजनी, बह गई करवत ऐन।
कल न परत पल हरि मग जोवत, भई छमासी रैन।
मीराँ के प्रभु कबरे मिलोगे, दुःख मेटण सुख दैन।

39

प्यारे दरसन दीज्यो आय, तुम बिन रह्यो न जाय।
जल बिन कमल चन्द बिन रजनी, ऐसे तुम देख्याँ बिन सजनी।
आकुल व्याकुल फिरूँ रैन दिन, विरह कलेजो खाय।
दिवस न भूख नींद नहिं रैना, मुख सूँ कथत न आवे बैना।
कहा कहूँ कछु कहत न आवे, मिल कर तपत बुझाय।
क्यूँ तरसावो अन्तरजामी, आय मिलो किरपा कर स्वामी।
मीराँ दासी जनम जनम की, पड़ी तुम्हारे पाय।

दूखंन = दुखने; बह गई = चल गई; करवत = आरा; ऐन = ठीक; छमासी = छः महीनों की, विरहनी के लिए प्रत्येक रात लम्बी होती है। मग जोवत = प्रतीक्षा करते।

चन्द = चन्द्रमा; रजनी = रात; कलेजो = प्राण; कथत = कहते हुए, शब्द नहीं निकलते; अन्तरजामी = अन्तर्यामी; किरपा = कृपा; पाय = चरणों में।

40

गली तो चारों बन्द हुई, मैं हरि से मिलूँ कैसे जाय।
ऊँची नीची राह रपटीली, पाँव नहीं ठहराय।
सोच-सोच पग धरूँ जतन से, बार-बार डिग जाय।
ऊँचा-नीचा महल पिया का, म्हाँ सूँ चढ़यो न जाय।
पिया दूर पंथ म्हाँरो झीणो, सुरत झकोला खाय।
कोस-कोस पर पहरा बैठ्या, पैंड-पैंड बाट मार।
या विधना कैसी रच दीनी, दूर बसायो म्हाँरो गाँव।
मीराँ के प्रभु गिरधर नागर, सतगुरु दई बताय।
जुगन-जुगन से बिछड़ी मीराँ, घर में लीनी जाय।

गली = मार्ग, रास्ता; चारों = चारों ओर से; रपटीली = फिसलनेवाली; पग = पैर (सोच-विचारकर चलती हूँ); जतन से = यत्न से; डिग जाइ = विचलित हो जाता है; झीणा = सूक्ष्म, सकड़ा; सुरत = ध्यान; झकोला खाइ = अस्थिर हो जाता है; पेंड-पेंड = पग पग पर; बटमार = लुटेरे; विधना = विधाता; कैसी रच दीनी = कैसी रचना रच दी कि मेरा गाँव इस स्थान से बहुत दूर है; महल = मिलन स्थान; योगी लोग जहाँ ब्रह्म के दर्शन करते हैं। घर में = अपने अन्तःकरण में ही परमात्मा ने मुझे अपना लिया, आत्मा में परमात्मा के दर्शन मिल गए। घर में ही लक्ष्य को पा लिया।

विशेष : यह निर्गुण भाव का पद है जिसमें जीवात्मा की परमात्मा से मिलने की प्रक्रिया प्रदर्शित की गई है। जीव परमात्मा से मिलना चाहता है परन्तु काम-क्रोधादि रजोगुणी और तमोगुणी प्रवृत्तियाँ तथा चारों ओर मोह और माया जाल के कारण उसका साधना पथ पर अग्रसर होना अत्यन्त दुष्कर हो जाता है। अन्त में सद्गुरु की शरण में जाने से ही वह जन्म-मरण के चक्र से मुक्त होकर अपने आनन्द स्वरूप को पा लेता है।

41

नमो नमो तुलसी महारानी, नमो नमो हरि की पटरानी।
जाके दरस परस अघ नासे, महिमा वेद बखानी।
शाखा पत्र मंजरी कोमल, श्रीपति चरण कमल लपटानी।
धन्य तुलसी पूरण तप कीन्हा, शालिगराम भई पटरानी।
शिव सनकादिक अरू ब्रह्मादिक, खोजत फिरते महामुनि ज्ञानी।
छप्पन भोग धरे हरिआगे, बिन तुलसी प्रभू एक न मानी।
धूप दीप नैवेद्य आरती पुष्पन की वर्षा बरखानी।
प्रेम-प्रीति कर हरि वश कीन्हें साँवरि सूरत हृदय समानी।
मीराँ के प्रभु गिरधर नागर भक्ति दान दीजै महारानी।

पटरानी = रानियों में मुख्य; **परस** = स्पर्श; **अघ** = पाप; **पत्र** = पत्ता; **बरखानी** = वर्षा हुई।

42

सुरत पर वारी जासूँ नागरनन्दा।
सब देवन में कृष्ण बड़ा है, तारन में ज्युँ चन्दा।
सब सखियन में राधा बड़ी है, तीर्थन में बड़ी गंगा।
सब भक्तन में भरत बड़ा है, जोधन में हनुमन्ता।
मीराँ कहे प्रभु तुम्हारे दरश से, मिट जाय चोरासी की चिन्ता।

जोधन = योद्धाओं में; हनुमन्ता = हनुमान; चोरासी = चौरासी कोटि योनि में जन्म लेने के क्लेश से मुक्ति।

43

अच्छे मीठे चाख चाख, बोर लाई भीलणी।
झूठे फल लीन्हें राम, प्रेम की प्रतीत जाण।
ऊँच नीच जाने नहीं, रस की रसीलणी।
ऐसी कहा वेद पढ़ी, रस की रसीलणी।
ऐसा कहा वेद पढ़ी, छिन में विमाण चढ़ी।
हरिजी सूँ बाँध्यो हेत, बैकुण्ठ में झूलणी।
ऐसी प्रीत करे सोई, दास मीराँ तरै जोई।
पतित-पावन प्रभु, गोकुल अहीरणी।

भीलणी = रामावतार में किष्किन्धा जाते समय श्रीराम की शबरी भीलनी से भेंट हुई थी। उस अवसर पर शबरी ने चख-चख कर मीठे-मीठे बेर राम को अर्पित किए थे। इस पद में उसी ओर संकेत है; छिन = क्षण में; विमान = स्वर्ग को ले जानेवाला वाहन; हेत = प्रेम; अहीरणी = अहीर कुल की स्त्री।

44

जोगिया जी छाइ रह्या परदेस।
जबका बिछड़्या फेर न मिलिया, बहोरि न दियो सन्देश।
या तन ऊपरि भसम रमाऊँ, खोर करूँ सिर केस।
भगवाँ भैख धरूँ तुम कारण, ढूँढत च्यारूँ देस।
मीराँ के प्रभु राम मिलणकूँ, जीवनि जनम अनेस।

45

जोगिया रे तू कबहु मिलेगो मोकूँ आय।
तेरे कारण जोग लियो है, घर घर अलख जगाय।
दिवस न भूख रैण नहि निद्रा, तुज बिन कछु न सुहाय।
मीराँ के प्रभु हरि अविनासी, मिल कर तपत बुझाय।

रह्या = रहे; बहोरि = फिर; भेख = भेष; अनेस = अनेक।

अलख जगाय = पुकार-पुकार कर परमात्मा का स्मरण करना; तपन = विरह-ज्वाला।

46

अब तौ हरी नाम लौ लागी।[1]
सब जग को माखन चोरा, नाम धरयो बैरागी।
कित छोड़ी वह मोहन मुरली, कित छोड़ी सब गोपी।
मूँड मूँडाई डोरि कटि बाँधी, माथे मोहन टोपी।
मात जसोमति माखन कारन, बाँधे जाके पाँव।
स्याम किसोर भयो नव-गौरा, चैतन्य जाको नाँव।
पीताम्बर को भाव दिखावै, कटि कोपीन कसै।
गौर-कृष्ण की दासी मीराँ, रसना कृष्ण बसैं।

---

1. मीराँबाई जब वृन्दावन गईं तब वहाँ बंगाली महात्मा जीव गोस्वामी के सत्संग में कुछ समय रही थीं। वे महात्मा श्री चैतन्य महाप्रभु के शिष्य श्री रूप और सनातन के भतीजे थे। प्रतीत होता है कि यह पद श्री चैतन्य की अपूर्व प्रेमाभक्ति की महिमा सुनकर बनाया हो। वैष्णव भक्तजनों में श्री गौरांग महाप्रभु के श्रीकृष्ण के अवतार होने की जो श्रद्धाभरी-मान्यता प्रचलित है उसका प्रभाव इस पद पर स्पष्ट है। मूँड = सिर; मूँड़ाई = केस रहित कर देना, मुँड़ा कर; कटि = कमर; कोपीन = लँगोटी जिसे ब्रह्मचारी और संन्यासी पहनते हैं।

इस पद का केन्द्रीय भाव यह है कि कृष्ण-रूप में न सही, कृष्ण-भक्त किसी भी रूप में रहें मीराँ उनकी उपासिका है।

47

जोगिया तें जुगत न जाणी हो।
मैं तो आसिक तेरड़ी तोने दया न आणी हो।
तूँ भी स्वारथ को सगो परदुःख न जाणी हो।
तो मो बीच बिछोह भी कोई दाणा पाणी हो।
तुम बिन कल मोइ ना पड़े मच्छी बिन पाणी हो।
तुम बिन मैं कैसे जियूँ रैन तलफ बिहानी हो।
जा दिन ते तुम बिछड़े मेरे भई हानी हो।
तो कारण बन बन फिरूँ होय प्रेम दीवाणी हो।
खान पान की सूध नहीं काया कुम्हलाणी हो।
अब तो बाकी ना रही पिंड त्यागे प्राणी हो।
पतित पावन तो बिड़द है (याही) बेद बखानी हो।
मीराँ कू द्यौ दरस प्रभुजी अब सुखदानी हो।

जुगत = युक्ति; आसिक = आशिक (उर्दू) प्रेम करनेवाला, आशिक-माशूक, प्रेमी-प्रेमिका; तेरड़ी = तेरी; दाणा-पाणी = अन्न-जल, योगा-योग; पिंड = शरीर; बिड़द = बिरुद, यश; द्यौः दो = दर्शन दो।

48

जोगिया से प्रीत कियाँ दुःख होइ।
प्रीत कियाँ सुख ना मोरी सजनी, जोगी मिंत न कोइ।
राति दिवस कल नाहिं परत है, तुम मिलियाँ बिनि मोइ।
ऐसी सूरत या जग माँही, फेरि न देखीं सोइ।
मीराँ के प्रभु कबरे मिलोगे, मिलियाँ आँणद होइ।

49

जोगिया जी, दरसण दीज्यो आइ।
तेरे कारण सब जग ढूँढ्या घर-घर अलख जगाइ।
खान पान सब फीको लागै नैणाँ नीर न माइ।
बहुत दिनाँ के बिछुरे प्यारे तुम देख्याँ सुख पाइ।
मीराँ दासी तुम चरणाँ की मिलज्यो कण्ठ लगाइ।

मिंत = मित्र, साथी; कल = चैन।

माइ = समाते हैं; दिनाँ के = दिनों से; अलख = देखा नहीं जा सके। नाथ-पन्थी साधु नगर में भिक्षा के लिए घर-घर जाकर 'अलख' शब्द बोलते हुए फेरी देते हैं उसे 'अलख जगाना' कहते हैं।

50

बड़ै घर ताळी लागी रे
म्हारा मन री उणारथ भागी रे
छीलरियै म्हाँरो चित नहीं रहे, डवरियै कुण जाव?
गंगा-जमना सूँ काम नहीं रे, मैं तो जाइ मिलूँ दरियाव
हाळयाँ-मोळयाँ सूँ काम नहीं रे, सीख नहीं सिरदार
कामदाराँ सूँ काम नहीं रे, मैं तो जाव करूँ दरबार
काथ-कथीर सूँ काम नहीं रे, लोहा चढ़े सिरभार
सोना-रूपा सूँ काम नहीं रे, म्हारे हीराँ रो वोपार
भाग हमारो जागियो रे, भयो समन्द सूँ सीर
इमरत-प्याला छाँड़ि कै, कुण पीवै कड़वो नीर
पीपा कूँ प्रभु परचो दीन्हो, दिया रे खजीना पूर
मीराँ के प्रभु गिरधर नागर, धणी मिल्या छै हजूर

वडै घर = बड़े घर से, बड़े घराने वाले व्यक्ति से, परमात्मा से; ताळी लागी = सम्बन्ध हो गया; उणारथ = लालसा, कामना (या अभाव); भागी = दूर हुई, नष्ट हुई; छीलरियै = छिछली तलैया; चित्त नहीं = इच्छा नहीं, चाह नहीं; डाबरियै = पानी से भरा हुआ छोटा गड्ढा; कुण = कौन; दरियाव = समुद्र से; हाळयाँ-मोळयाँ = जमींदार के खेत में भृति पर काम करनेवाले किसान, हाली-मुहाली; सीख नहीं = सम्बन्ध नहीं; सिरदार = सामन्तों से; कामदाराँ = प्रधानों से, जागीर का प्रबन्ध करनेवाले अधिकारियों से; जाब = जवाब; दरबार = दरबार में जाकर, स्वयं मालिक के; कथीर = राँगा; काथ-कथीर = कम मूल्य की हलकी धातुएँ; चढ़ै सिरभार = सिर पर भार-सा लगता है; रूपा = चाँदी; वोपार = व्यापार; समन्द = समुद्र; सीर = सम्बन्ध; पीपा = एक भक्त (ये पहले राजा थे फिर विरक्त होकर साधु हो गए, रामानन्द के प्रधान शिष्यों में इनकी गिनती है); परचो दीन्हो = चमत्कार दिखाया; खजीना = खजाने; पूर = भर दिए; धणी = स्वामी, पति; मिल्या छै = मिले हैं; हजूर = स्वयं भगवान।

51

तेरो मरम नहिं पायो रे जोगी!
आसन माँडि गुफा में बैठो, ध्यान हरी को लगायो।
गल बिच सेली हाथ हाजरियो, अंग भभूति रमायो।
मीराँ के प्रभु हरि अनिवासी, भाग लिख्यो सोही पायो।

52

जोगियारी सूरत मन में बसी।
नित प्रति ध्यान धरत हूँ दिल में, निसदिन होत कुसी।
कहा करूँ कित जाऊँ मोरी सजनी, मानो सरप डसी।
मीराँ कहे प्रभु कबरे मिलोगे, प्रीत रसीली बसी।

योगी = जीवात्मा को परमात्मा से मिलानेवाले साधक को योगी कहते हैं। मीराँ के आराध्य कृष्ण को योगेश्वर भगवान् कृष्ण कहकर भी सम्बोधित किया है। मीराँ अपने पदों में जब 'योगी' शब्द का प्रयोग करती हैं तब वही प्रायः 'कृष्ण' के लिए ही होता है। लेकिन कहीं-कहीं 'जोगी' शब्द का प्रयोग नाथ सम्प्रदाय के 'योगी' को पर्याय रूप में भी हुई है। यह पद इस परम्परा में है।

मरम = रहस्य, भेद; सेली = नाथ पंथी साधुओं की गले में पहनने की माला; हजारिओ = साधुओं का वस्त्र विशेष। भभूति = भस्म; सोही = वही।

यह पद 'कृष्ण' के लिए है।

जोगियारी = जोगी की; कुसी = प्रसन्नता, खुशी; रसीली = रसमय।

53

फागुन के दिन चार रे, होरी खेल मना रे।
बिन करताल पखावज बाजै, अणहद की झणकार रे।
बिनि सुर राग छतीसूँ गावै, रोम रोम रणकार रे।
सील सन्तोष की केसर घोळी, प्रेम प्रीत पिचकार रे।
उड़त गुलाल लाल भयो अम्बर, बरसत अंग अपार रे।
घट के सब पट खोल दिए हैं, लोक लाज सब डार रे।
मीराँ के प्रभु गिरधर नागर, चरण कँवल बलिहार रे।

54

मत डारो पिचकारी म्हारी सगरी भिज गई सारी।
जिन डारो थिर ठ़ाड़े रहियो। नहिं तो मैं देऊँगी गारी।
लाल गुलाल उड़ावन लागे। तो मन में न बिचारी।
भर पिचकारी मेरे मुख पर डारी। ढीठ बने हो भारी।
मीराँ के प्रभु गिरधर नागर। चरण कमल बलिहानी।

होरी = होली, भगवत्भक्ति रूपी होली; करताल-पखावज = एक प्रकार के वाद्य; अणहद = समाधिगत शब्द विशेष जिसे योगी जन अनुभव से सुनते हैं। राग छतीसूँ = छत्तीस रागनियाँ; रंग = आनन्द; पिचकार = पिचकारी; घट के पट = हृदय का परदा, भेद बुद्धि अहंकार आदि।

यह निर्गुण भाव का पद है। मीराँ कहती हैं कि जैसे फागुन के दिन देखते-देखते बीत जाते हैं वैसे ही युवावस्था के दिन भी हैं; चंचल और देखते-देखते बीत जानेवाले। इसलिए हे मन देह में शक्ति शेष है तब इस प्रकार होली खेल ले (साधना कर ले) कि मानव जन्म सार्थक हो जाए।

थिर = स्थिर; गारी = गाली; ढीठ = दुराग्रही, नटखट, किसी की न सुननेवाले।

55

माई! म्हारै निरधन रो धन राम।
खाय न खूँटै चोर न लूटै, विपति पड़्याँ आवै काम।
दिन दिन प्रीत सवाई दूणी, सुमरण आठों याम।
मीराँ के प्रभु गिरधर नागर, चरण कमल बिसराम।

49

पायो जी म्हैं तो, राम रतन धन पायो।
वस्तु अमोलक दी मेरे सतगुरू, किरपा कर अपनायो।
जनम जनम की पूंजी पाई, जग में सभी खोवायो।
खरचै नहिं कोई चोर न लेवै, दिन दिन बढ़त सवायो।
सत की नाव खेवटिया सतगुरु, भवसागर तर आयो।
मीराँ के प्रभु गिरधर नागर, हरख-हरख जस गायो।

रौ = का; खूँटे = खत्म होना; पड़्याँ = पड़ने पर; बिसराम = विश्राम।

अमोलक = अमूल्य, अनमोल; अपनायो = शरण में लिया; पूँजी = मूल धन; खोवायो = विलुप्त हो गया; सवायो = अधिकाधिक; खेवटिया = केवट, नाव चलानेवाला, माँझी; हरखि-हरखि = प्रसन्न हो-होकर; जस = यश।

57

पिया तेरे नाम लुभाणी हो।
नाम लेत तिरता सुणया, जैसे पाहण पाणी हो।
सुकिरत कोई ना कियो, बहु करम कुमाणी हो।
गणिका कीर पढ़ावताँ, बैकुण्ठ बसाणी हो।
अरध नाम कुंजर लियो, बाकी अवध घटाणी हो।
गरुड़ छाँड़ि हरि धाइया, पसु जूण मिटाणी हो।
अजामील से ऊधरे, जम त्रास हटाणी हो।
पुत्र हेतु पदवी दई, जग सारे जाणी हो।
नाम महातम गुरु दियो, सोइ वेद बखाणी हो।
मीराँ दासी रावली, अपणी कर जाणी हो।

लुभाणी = मुग्ध हुई हूँ; सुणया = सुना; पाहण = पाहन; सुकिरत = सुकृत; कुमाणी = कुकर्म किए। गणिका = एक वेश्या जो अपने तोते को रामनाम पढ़ाया करती थी और इसीलिए बैकुण्ठ गई; बसाणी =बसी; अरध = आधा; कीर = तोता; कुंजर = हाथी (गज और ग्राह की लड़ाई में गज ने भगवान का स्मरण किया था जिससे रक्षा करने के लिए हरि गरुड़ का त्याग करके तुरन्त दौड़ आए थे।) अवध : निश्चित समय (यह गज पूर्व जन्म में गन्धर्व था, श्राप-ग्रस्त होने पर पशु-योनि में उत्पन्न हुआ।); घटाणी = घट गई (समय से पहले मुक्त कर दिया); जूण = योनि; मिटाणी = मिट गई; अजामिल = कान्यकुब्ज देश का सदाचारी ब्राह्मण जो निम्न स्तर की स्त्री के प्रेम में स्वधर्म का नाश कर बैठा था। उससे उत्पन्न हुए पुत्र का नाम नारायण रखा था। जब उसे यमदूत लेने आए तब उसने भयभीत होकर पुत्र नारायण को पुकारा। इस पर भगवान ने अपने पारषद भेज कर उसे स्वर्ग बुला लिया; उधरे = उद्धार पाया; जम = यम; त्रास = भय; नसानी = नष्ट हो गया; पदवी = उत्तम पद, स्थान; हेतु = कारण; महातम = माहात्म्य; परतीत = विश्वास; पिछाणी = पीछे लगी हूँ; रावली = तुम्हारी।

58

म्हाराँ सतगुरु बेगा आज्यो जी, म्हारे सुखरी सीर बुवाज्यो जी।
तुम बिछुड्याँ दुःख पाऊँ जी, मेरा मन माँही मुरझाऊँ जी।
मैं कोयल ज्यूँ कुरलाऊँजी, कुछ बाहरि कहि न जणाऊँ जी।
मोहि बाघण विरह सतावैजी, कोई कहिया पार न पावै जी।
ज्यूँ जल त्यागा मीना जी, तुम दरसन बिन खीना जी।
ज्यूँ चकवी रैण न भावै जी, वा ऊगो भाण सुहावै जी।
ऊ दिन कबै करोलाजी, म्हारे आँगण पाँव धरोला जी।
अरज करै मीराँ दासी जी, गुरु पद रज की प्यासी जी।

बेगा = शीघ्र; सीर = धारा (सीर माता के स्तनों से निकली दूध की धार। यहाँ वैसी ही निर्दोष और पवित्र धारा को लक्षित किया है।) बुवाज्योजी = बहाइएगा; बिछड़ियाँ = बिछुड़ने से; मुरझाऊँ = उदास हो जाती हूँ; कुरलाऊँ = करुण स्वर में पुकारती हूँ; बाहिर = बाहर प्रकट नहीं होने देती; बाघण = शेरनी; कहिया = कहने से; मीना = मीन, मछली; खीना = क्षीण, दुर्बल, दीन; ऊगा = उदय हुआ; भाण = भानु, सूर्य; करोला = करोगे; धरोलाजी = धरोगे; रज = धूल।

59

मिलता जाज्यो हो गुरुज्ञानी, थाँरी सूरत देखि लुभानी।
मेरी नाम बूझि तुम लीज्यो, मैं हूँ बिरह दिवानी।
रात दिवस कल नाहिं परत है, जैसे मीन बिन पानी।
दरस बिना मोहिं कछु न सुहावे, तलफ तलफ मर जानी।
मीराँ तो चरणन की चेरी, सुन लीजे सुखदानी।

बूझि : पूछ लेना; तलफ-तलफ = तड़प-तड़प; चेरी = सेविका।

60

कोई कछू कहे मन लागा।
ऐसी प्रीत लगी मनमोहन, ज्यूँ सोने में सुहागा।
जनम जनम का सोया मनुआ, सतगुरु शब्द सुन जागा।
मात पिता सुत कुटुम्ब कबीला, टूट गया ज्यूँ तागा।
मीराँ के प्रभु गिरधर नागर, भाग हमारा जागा।

61

मोहि लागी लगन गुरु चरणन की।
चरण बिना कछुवै नहिं भावै।
जग माया सब सपनन की।
भौ सागर सब सूख गयो है।
फिकर नहीं मोहि तरनन की।
मीराँ के प्रभु गिरधर नागर।
आस वही गुरु सरनन की।

मनुआ = मन; कबीला = परिवार के सदस्यों का समूह; तागा = धागा, डोरा; भाग = भाग्य।

चरनन की = चरणों की; कछुवै = कुछ भी अच्छा नहीं लगता; सपनन की = सपनों की; तरनन की = पार हो जाने की, तिर जाने की; सरनन की = शरण की।

62

बसो मेरे नैनन में नन्दलाल।
मोहिनी मूरति साँवरि सूरति, नैना बने विशाल।
अधर-सुधा-रस मुरली राजत, उर बैजन्ती-माल।
छुद्र घण्टिका कटि तट शोभित, नूपुर शब्द रसाल।
मीराँ प्रभु सन्तन सुखदाई, भक्त बछल गोपाल।

63

द्वारिका को बास हो मोहि द्वारिका को बास।
संख चक्रहुँ गदा पद्महूँ ते मिटै जम त्रास।
सकल तीरथ गोमती में करत सदा निवास।
संख झालरि झाँझ बाजे सदा सुख की रास।
तज्यो देसौ बेस पतिगृह तज्यो राणा राजि।
दासि मीराँ सरन आई तुम्हें अब सब लाजि।

राजति = शोभित होती है; बैजन्ती माल = विविध पुष्पों तथा तुलसी की पैरों तक लटकती माला। घण्टिका = करधनी; कटि = कमर; तट = पास; नूपुर = घुँघरू; रसाल = मधुर; भगत बछल = भक्त वत्सल, भक्तों से प्रेम करनेवाले।

बास = बसना, रहना; जम = यमराज, जन्म-मरण का दुःख; संख, झालर, झाँझ = पूजा, आरती के समय बजाए जानेवाले वाद्य; रास = राशि, कोष; देसौ = देश। बेस = वेशभूषा; राजि = राज; सरन = शरण।

64

होजी! हरि कित गए नेह लगाय।
नेह लगाय मेरो मन हर लीयो रस भरी टेर सुनाय।
मेरे मन में ऐसी आवै मरूँ जहर बिस खाय।
छाड़ि गए बिसवास घात करि नेह केरी नाव चढ़ाय।
मीराँ के प्रभु कबरे मिलोगे रहे मधुपुरी छाय।

65

माई म्हारी हरिजी ने बूझी बात
पिण्ड माँसूँ प्राण पापी निकस क्यूँ नहीं जात।
पट न खोल्या मुखाँ न बोल्या, साँझ भई परभात।
अबोलणा जुग बीतण लागो, तो काहे की कुसलात।
रैण अँधेरी बिरह घेरी, तारा गिणत निस जात।
ले कटारी कण्ठ चीरूँ, करूँगी अपघात।
आवण आवण होय रह्यो रे नहिं, आवण की बात।
मीराँ व्याकुल बिरहणी रे बाल ज्यूँ बिललात।

होजी = सम्बोधन; केरी = की; मधुपुरी = मथुरा; रसभरी = रसयुक्त।

बूझी = पूछी; पिण्ड = शरीर; माँसु = में से; पाट = द्वार; अबोलणा = बिना बोले; जुग = युग; बीतण = बीतने लगे; कुसलात = कुशल-क्षेम; गिणत = गिनते; निस जात = रात व्यतीत होती है; बाल = बालक; ज्यूँ = की तरह। बिललात = बिलखना, रोना; अपघात = दुर्घटना।

66

भवन पति तुम घर आज्यो हो।
बिथा लगी तन मँहिने (म्हारी) तपत बुझाज्यो हो।
रोवत-रोवत डोलता सब रैण बिहावै हो।
भूख गई निदरा गई पापी जीव न जावै हो।
दुःखिया कूँ सुखिया करो मोहि दरसण दीजै हो।
मीराँ व्याकुल बिहरणी अब विलम न कीजै हो।

67

जाओ हरि निरमोहिया जाणी थाँरी प्रीत।
लगन लगी जद प्रीत और ही, अब कुछ अँवली रीत।
इमरत पाइ के विष क्यूँ दीजे, कूँण गाँव की रीत।
मीराँ के प्रभु हरि अविनासी, अपणी गरज के मीत।

बिथा = व्यथा, पीड़ा; मँहिने = तन में; तपन = तपिश, प्रज्वलन; डोलना : डोलते हुए; निदरा = नींद, निद्रा; विलम = विलम्ब।

निरमोहिया = निर्मोही; ही = थी; अँवली = और ही; कूँण = कौन; गरज = स्वार्थ।

68

कोइ कहियौ रे प्रभु आवन की
आवन की मन भावन की।
आप न आवै लिख नहिं भेजै
बाण पड़ी ललचावन की।
ए दोउ नैण कह्यो नहिं मानै
नदियाँ बहैं जैसे सावन की।
कहा करूँ कछु नहिं बस मेरो
पाँख नहीं उड़ जावन की।
मीराँ के प्रभु कब र मिलोगे
चेरी भइ हूँ तेरे दाँवन की।

बाण = स्वभाव, आदत; ललचावन की = ललचाने की; पाँख = पंख; उड़ जावन की = उड़ जाने के लिए; चेरी = दासी, सेविका; दाँवन की =दामन, अंचल, पटुके का छोर।

69

थें म्हारी सुध ज्यूँ जाणूँ ज्यूँ लीज्यौ।
आप विना मोहि कछु न सुहावै, वेगो ही दरसण दीज्यो।
मैं मन्दभागण, करम अभागण, ओगण चित मत दीज्यो।
विरह लगी पल छिन न लगत है, यो तन यूँ ही छीज्यौ।
मीराँ के प्रभु हरि अनिवासी देख्याँ प्राण पतीज्यौ।

वेगो = शीघ्र; मन्दभागण = मन्दभाग्य; करम अभागण = कर्मों के कारण दुर्भाग्यशाली; ओगण = अवगुण; देख्याँ प्राण पतीज्यौ = दर्शन होने पर ही प्राण को शान्ति मिलेगी।

70

म्हारा ओलगिया, घर आज्यो जी
सुख दुःख खोलि कहूँ अन्तर की, वेगा वदन बताज्यो जी।
च्यारि पहर च्यारूँ जुग बीत्या, नैणां नींद न आवै जी।
पूरण ब्रह्म अखण्ड अविनासी, तुम विन विरह सँतावै जी।
नैणाँ नीर आभ ज्यूँ झरणा, ज्यूँ मेघा झड़ लाया जी।
रतवन्ती इत राम कन्त विन फिरत वदन विलखाया जी।
साधु सजन मिलै सिर साटै तन मन करूँ बधाई जी।
जन मीराँ नै मिलौ कृपा करि जनमि जनमि मिंतराई जी॥

ओलगिया = प्रवासी प्रियतम; खोल = हृदय खोलकर; वेगा = शीघ्र; वदन बताज्यो जी = दर्शन देना; च्यारूँ जुग =चार युग की तरह; आभ = आकाश; रतवन्ती = प्रेममयी प्रियतमा; इत = यहाँ; विलखाया = उदास।

71

माई! मैं तो गोविन्द सो अटकी।
चकित भये है दृग दोउ मेरे लखि शोभा नटकी।
शोभा अंग अंग प्रति भूषण, वनमाला तटकी।
मोर मुकुट कटि किंकिंन राजे, दुति दामिनी पटकी।
रमित भई हौं साँवरे के संग, लोग कहैं भटकी।
छुटी लाज कुल कानि लोग डर, रह्यो न घर हटकी।
मीराँ प्रभु के संग फिरेगी, कुंज कुंज लटकी।
श्री (बिना) गोपाललाल बिन सजनी, को जाने घटकी।

अटकी = प्रेम हो गया, उलझ गई; लखि = देखकर; नटकी = कृष्ण के नाना प्रकार के लीला-अभिनय। शोभा अंग...प्रति भूषण = नाना आभूषणों से शरीर सुशोभित हो रहा है; नट = विशेष जाति जो अनेक तरह की कलाबाजियाँ करती है; तटकी = टटकी; ताजा, अभी-अभी तोड़े गए पुष्पों से बनी; किंकिनि = करधनी; एक प्रकार का आभूषण; दुति दामिनी पट की = पीताम्बर ऐसा चमक रहा है जैसे बिजली का प्रकाश; रमित = आसक्त होना; कानि = मर्यादा।

72

देखो सहियाँ हरि मन काठो कियो।
आवन कह गयो अजहुँ न आयो।
करि करि वचन गयो।
खान पान सुध बुध सब बिसरी।
कैसे करि मैं जियों।
वचन तुम्हारे तुमही बिसारे।
मन मेरो हर लियो।
मीराँ कहे प्रभु गिरधर नागर।
तुम बिन फटत हियो।

73

पिया इतनी विनती सुण मोरी, कोइ कहियो रे जाय।
औरन सूँ रस बतियाँ करत हो, हमसे रहे चितचोरी।
तुम बिन मेरे और न कोई, मैं शरणागत तोरी।
आवण कह गए अजहुँ न आये, दिवस रहे अब थोरी।
मीराँ कहे प्रभु कबरे मिलोगे, अजर करूँ कर जोरी।

सहियाँ = स्वामी, सय्याँ; काठो = कठोर; बिसरी = भूलना, विस्मृत होना; कैसे करि = किस तरह से।

रस बतियाँ = रस रीति का पालन करते हो प्रेम निभाते हो। हम से रहे चित चोरी = हम से जी चुराते हो सामने नहीं आते; सरणागत = मैं तेरी शरण में आई हूँ; अरज करूँ = प्रार्थना करती हूँ।

78

ऐसे प्रभु जाण न दीजै हो।
तन मन धन करि वारणै हिरदै धरि लीजै हो।
आव सखी मुख देखिये नैणाँ रस पीजै हो।
जिह जिह विधि रीझै हरि सोई विधि कीजै हो।
सुन्दर श्याम सुहावणा मुख देख्याँ जीजै हो।
मीराँ के प्रभु रामजी बड़ भागण रीझै हो।

79

माई री मैं तो लियो गोविन्दो मोल।
कोई कहै हलको कोई कहै भारी, लियोरी तराजू तोल।
कोई कहै मुहँघो कोई कहै सुँहघो, लियोरी अमोलक मोल।
कोई कहै कालो कोई कहै गोरो, आवत प्रेम के मोल।
वृन्दावन की कुंज गलिन में, लियोरी बजन्ता ढोल।
कोई कहै घर में कोई कहै बन में, राधा के संग किलोल।
मीराँ के प्रभु गिरधर नागर, पूर्व जन्म के बोल।

वारणै = वारवा, न्यौछार करना; सुहावणा = सुन्दर।

मुहँघो = महँगा; सुँहघो = सस्ता; अमोलक = जिसका मोल ही न किया जा सके।

80

कृष्ण पीऊ मेरी रँग दे चुँदड़ियाँ।
ऐसी रंगत रँगवादे साँवरिया,
धोबी धोवे चाहे सारी उमरियाँ।
बिना रँगायाँ घर नहीं जाऊँ,
बीत जाए चाहे सारी उमरिया।
अध गोकल अध मथुरा नगरी,
ब्रन्दावन में सैय्याँ।
सँकड़ी सेरया में मोहन मल्या
भूली-भूली लाज बिसारी चुँदड़ियाँ।
जमुना के नीराँ तीराँ धेनु चरावे,
अजब सुणावे माधू मीठी बँसरियाँ।
बाई मीराँ के प्रभु गिरधर नागर,
हरि चरणाँ गुण गइयाँ।

पद का भावार्थ : इस पद में मीराँ कृष्ण से अपनी चित्त-वृत्ति चूनर को प्रेम के ऐसे गहरे रंग में रँग देने को कहती हैं कि जो पूरी आयु न उतरे। रंगत = रंग; उमरिया = आयु; अध = आधे में; सँकड़ी = संकीर्ण; सेरया = स्थान; मिल्या = मिले; बिसरी = भूल गई; धेनु = गाएँ; माधू = माधव।

81

मेरे नैनाँ निपट बंकट छवि अटके।
देखत रूप मदन मोहन को, पियत पियूख न मटके।
बारिज भवाँ अलक टेढ़ी मनो, अलि सुगन्ध रस अटके।
टेढ़ी कटि टेढ़ी कर मुरली, टेढ़ी पाग लर लटके।
मीराँ प्रभु के रूप लुभानी, गिरिधर नागर नट के।

82

या मोहन के मैं रूप लुभानी
सुन्दर बदन कमल दल लोचन, बाँकी चितवन मन्द मुसकानी।
जमना के नीरे तीरे धेन चरावे, बंसी में गावे मीठी बानी।
तन मन धन गिरधर पर वारूँ, चरण कँवल मीराँ लपटानी।

मेरे नैना....अटके = मेरे नेत्र पूर्ण रूप से श्यामसुन्दर की बाँकी छवि में उलझ गए हैं; निपट = पूर्ण रूप से; बंकट = बाँकी; छवि = रूप; अटके = फँस गए हैं; पियूख = (पीयूष) अमृत; न मटके = हिलते नहीं हैं; बारिज (वारिज) = कमल; भवाँ = भौंहें; अलक = केश; अलि = भँवरे; बारिज....अटक = कमल जैसी भौंहें और केश-राशि में (मेरे नेत्र) भँवरे बनकर रूप का रस-पान कर रहे हों; कटि = कमर; कर = हाथ में; लर = लड़, छोर; नागर नट = नटनागर।

कमल दल लोचन = कमल की पंखुड़ियों जैसे नेत्र; बाँकी = टेढ़ी; चितवन = दृष्टि; नीरे तीरे = जल के तट पर, आस-पास; धेन = धेनु, गाय; वारूँ = न्यौछावर करूँ।

83

सहेलियाँ साजन घर आया हो।
बहोत दिनाँ की जोवती विरहणी पिव पाया हो।
रतन करूँ नेवछावरी ले आरति साजूँ हो।
पिव का दिया सनेसड़ा ताहि बहोत निवाजूँ हो।
पाँच सखी इकठी भई मिलि मंगल गावै हो।
पिय का रळी बधावणा आणँद अंग न मावै हो।
हरि सागर सूँ नेहरो नैणा वध्या सनेह हो।
मीराँ सखी के आँगणै दूधाँ बूठा मेह हो।

साजन = प्रियतम, कृष्ण; बहोत = बहुत; जोवति = प्रतीक्षा करती, मार्ग जोहती हुई; नेवछावरि = न्यौछावर; आरति = आरती; साजूँ हो = सजाना; सनेसड़ा = सन्देश; निवाजूँ = अनुग्रह करूँ, मानूँ, आदर करूँ; रळी = आनन्द, बधाइयाँ; मावे = समाना; सागर = सागर के समान विशाल; सनेहो = स्नेह; वध्या = बढ़ा; आँगणे = आँगन में; बूठा = बरसा; दूधा बूठा मेह हो = दूध का मेह बरसा, बहुत आनन्द का काम हुआ।

84

जोसीड़ा ने लाख बधाई रे, अब घर आये श्याम।
आज आनन्द उमँगि भयो है, जीव लहै सुख धाम।
पाँच सखी मिलि पीव परसि कैं आनन्द ठामूँ ठाम।
बिसरि गई दुःख निरखि पिया कूँ सुफल मनोरथ काम।
मीराँ के सुखसागर स्वामी भवन गवन कियो राम।

जोसीड़ा = जोशी, ज्योतिषी, भविष्य बतानेवाला; जीव लहै सुख-धाम = मन को अपार आनन्द मिल गया है; पाँच सखी = पाँचों इन्द्रियाँ; परसि = स्पर्श करके। ठामूँ-ठाम = सर्वत्र, जहाँ-तहाँ; निरखि = दर्शन करके, देखकर; बिसर गई = भूल गई हूँ; काम = इच्छा; मनोरथ = मनवांछित; गवन = गमन।

85

आली! म्हाँने लागे वृन्दावन नीको।
घर घर तुलसी ठाकुर पूजा, दरसण गोबिन्द जी को।
निरमल नीर बहत जमना में, भोजन दूध-दही को।
रतन-सिंघासण आप बिराजै, मुगट धरयो तुलसी को।
कुंजन-कुंजन फिरत राधिका, सबद सुणत मुरली को।
मीराँ के प्रभु गिरधर नागर, भजन बिना नर फीको।

86

हरि तुम काहे को प्रीत लगाई।
प्रीत लगाय परम दुःख दीनो। कैसी लाज न आई।
गोकुल छोड़ के मथुरा पधारे। यामें कौन बड़ाई।
मीराँ के प्रभु गिरधर नागर। तुमको नन्द दुहाई।

आली : हे सखि; म्हाँने = हमको, मुझे; नीको = अच्छा, सुहावना, प्रिय; नीर = जल; ठाकुर = भगवान; सिंघासण = सिंहासन; आप = स्वयं भगवान श्रीकृष्ण; मुगट = मुकुट; सुंणत = सुनती हुई।

यामें = इसमें; दुहाई = शपथ, सौगन्ध।

87

एरी! तेरी कौन जाति पनिहारी।
इत गोकुल उत मथुरा नगरी बीच मिले गिरिधारी।
सुन्दर वदन नयनमृग मानो विधाता आप सम्वारी।
मीराँ के प्रभु गिरधर नागर तुम जीते हम हारी।

88

कहाँ कहाँ जाऊँ तेरे साथ कन्हैया।
बिन्द्रावन की कुंज गलिन में गहे लिनों मेरो हाथ।
दध मेरो खायो मटकिया फोरी लीनो भुज भर साथ।
लपट झपट मोरी गागर पटकी साँवरे सलोने लोने गात।
कबहूँ न दान लियो मनमोहन सदा गोकुल आत जात।
मीराँ के प्रभु गिरधर नागर जनम जनम के नाथ।

पनिहारी = पनिहारिन, पानी भरनेवाली; नयन मृग = मृग के समान नयन; विधाता आप सम्वारी = मानो विधाता ने स्वयं अपने हाथों से शृंगार किया हो।

गहे = पकड़ लिया; दध = दही; मटकिया = मटकी; भुज = भुजाओं में; लोने = मधुर; गात = शरीर।

89

या ब्रज में कछू देख्यो री टोना।
ले मटुकी सिर चली गुजरिया,
आगे मिले बाबा नन्दजी के छोना।
दधि को नाम बिसरि गयो प्यारी,
'ले लेहु री कोई स्याम सलोना'।
बिन्द्रावन की कुंज गलिन में,
आँख लगाय गयो मन मोहना।
मीराँ के प्रभु गिरधर नागर,
सुन्दर स्याम सुघर रस लोना।

टोना = जादू, अद्‌भुत बात; गुजरिया = गोपी, अहीरनी; छोना = पुत्र; सलोना = सुन्दर, लावण्यमय; ले लेहु री....सलोना = यह कहकर आवाज देने लगी; सुघर = चतुर; रस लोना = रसिक और मनोहर।

90

आली री! मेरे नैणाँ बाण पड़ी।
चित्त चढ़ी मेरे माधुरी मूरत, उर बिच आन अड़ी।
कब की ठाड़ी पन्थ निहारूँ, अपने भवन खड़ी।
कैसे प्राण पिया बिन राखूँ, जीवन मूल जड़ी।
मीराँ गिरधर हाथ बिकानी, लोग कहै बिगड़ी।

बाण = स्वभाव; चित्त-चढ़ी = मन में बस गई; आन = आकर; अड़ी = स्थिर हो गई; जीवन-मूल = जीवन का आधार; जड़ी = औषधि; बिकानी = बिक जाना, वश में हो जाना।

91

करम गति टारे नाहिं टरे।
सतबादी हरिचन्द से राजा (सो तो) नीच घर नीर भरे।
पाँच पांडु अरु सती द्रोपदी, हाड़ हिमालै गरे।
जग्य कियो बलि लेण इन्द्रासण : सो पाताल धरे।
मीराँ के प्रभु गिरधर नागर, बिख से अमृत करे।

करम गति = भाग्य की दशा; नीर भरै = पानी भरने का काम करते हैं; जग्य = यज्ञ; बलि = दैत्यों का राजा; बिख से = विष से अमृत कर देते हैं।

94

यह विधि भक्ति कैसे होय।
मन की मैल हियतें न छूटी, दियो तिलक सिर धोय।
काम कूकर लोभ डोरी, बाँधि मोहिं चण्डाल।
क्रोध कसाई रहत घट में, कैसे मिले गोपाल।
बिलार विषया लालची रे, ताहि भोजन देत।
दीन हीन ह्वै छुधा रत से, राम नाम न लेत।
आपहि आप पुजाय के रे, फूले अंग न समात।
अभिमान टीला किये बहु कहु, जल कहाँ ठहरात।
जो तेरे हिय अन्तर की जानै, तसों कपट न बनै।
हिरदे हरि को नाम न आवै, हाथ मनिया गनै।
हरी हितु से हेत कर, संसार आसा त्याग।
दास मीराँ लाल गिरधर सहज कर वैराग।

यहि विधि = इस तरह; काम-कूकर = काम रूपी शिकारी कुत्ता; मोह-चण्डाल = मोह रूपी चण्डाल; घट में = हृदय में; बिलार विषया लालची = विषय-वासना का लालची बिलाव। दीन-हीन ह्वै छुधा रत से = दीन-हीन भूखे आदमी की तरह भटकता रहता है; अभिमान टीला किये बहु = अभिमान के टीले चारों तरफ खड़े कर लिये हैं; कहु = कहो; बनै = निर्वाह होना। मनियाँ = मन के; कबीर का यह दोहा पढ़ें—

माला तो कर में फिरै जीभ फिरै मुख माँहि।
मनवा तो चहुँ दिसि फिरै; यह तो सुमरिन नाँहि ॥

हितू = हितकारी; हेत = प्रेम; सहज करि वैराग = सहज भाव से वैराग्य धारणकर।

95

सखी मेरी नींद नसानी हो।
पिय को पन्थ निहारत सिगरी रैण बिहानी हो।
सखियन मिलकर सीख दई मन एक न मानी हो।
बिन देख्याँ कल नाहिं पड़त जिय ऐसी ठानी हो।
अंग अंग व्याकुल भई मुख पिय पिय बानी हो।
अन्तर वेदन विरह की कोई पीर न जानी हो।
ज्यूँ चातक घनकूँ रटै मछळी जिमि पानी हो।
मीराँ व्याकुल बिरहणी सुध बुध बिसरानी हो।

96

राम मिलण के काज सखी, मेरे आरति उर में जागी री।
तड़फत-तड़फत कळ न परत है, विरह बाण उर लागी री।
निसदिन पन्थ निहारूँ पिव को, पलक न पल भरि लागी री।
पीव-पीव मैं रटूँ रातदिन, दूजी सुध बुध भागी री।
विरह भुजंग मेरो डस्यो है कलेजो, लहर हळाहळ जागी री।
मेरी आरति मेटि गोसाँई, आय मिलौ मोहि सागी री।
मीराँ व्याकुल अति उकळाणी, पिया की उमंग अति लागी री।

नसानी हो = नष्ट हो गई है; सीख दई = शिक्षा दी; देख्याँ = देखे; ठानी = निश्चयकर लिया; अन्तर = भीतर की; वेदन = वेदना; रटै = पुकारता है; जिमि = जैसे; बिसरानी = भूल गई।

आरति = पीड़ा; जागी = उत्पन्न होना; भुजंग = सर्प; हलाहल = विष; मेटि = मिटाकर; सागी = वही, स्वयं; उकलाणी = आकुल हुई; उमंग = उत्कण्ठा।

97

थें कहो ने जोशी म्हारे राम मिलण कद होशी।
जो जोशी मोहे प्रभु मिले तो, हीरा जडावुँ तेरी पोथी।
जो जोशी प्रभु ना मिले तो, जुठी पडे तेरी पोथी।
मीराँ के प्रभु गिरधर नागर, राम मिले सुख होशी।

98

हे री मैं तो प्रेम दिवानी मेरो दरद न जाणै कोय।
सूली ऊपर सेज हमारी सोवण किस विध होय।
गगन मण्डल पर सेज पिया की किस विध मिलणा होय।
घायल की गति घायल जाणै जो कोइ घायल होय।
जौहरि की गति जौहरी जाणै दूजा न जाणै कोय।
दरद की मारी बन-बन डोलूँ बैद मिल्या नहिं कोय।
मीराँ के प्रभु पीर मिटे जद बैद साँवळिया होय।

थें = आप; कहो ने = कहो ना; कद = कब; जड़ावुँ = जड़ा दूँ; पोथी = पुस्तक, भविष्य बतानेवाली संहिता; जुठी = मिथ्या, असत्य।

हे री = सम्बोधन अरी; दरद = प्रेम; सूली ऊपर.....किस बिध होय = सूली पर प्राण देने में ही हमें विश्राम है अर्थात् मरकर ही शान्ति मिलेगी, अतः सूली ही मेरी कोमल सुखद शय्या है किन्तु उस पर किस प्रकार सोया जाएगा; गगनमण्डल.....होय = अनन्त आकाश मण्डल में जहाँ (शून्य है) कुछ भी नहीं है, उस स्थान में हमारे स्वामी की सेज बिछी है वहाँ कैसे उस स्वामी से जाकर मिलूँगी? गति = दशा; जौहरि = रस पारखी; जौहरि की गति जौहरी जाणे = रत्नों के पारखी की दशा रत्नों का पारखी या विशेषज्ञ ही जानता है; पिया = परमात्मा रूप प्रियतम; गगनमण्डल = आकाश में, बहुत ऊँची, शून्य मण्डल में; बैद = वैद्य; साँवलिया = कृष्ण।

99

मैं बिरहणि बैठी जागूँ, जगत सब सोवैरी आली।
बिरहणि बैठी रंगमहल मैं, मोतियन की लड़ पोवै।
इक बिरहणि हम ऐसी देखी, अँसुवन की माला पोवै।
तारा गिण गिण रैण बिहानी, सुख की घड़ी कब आवै।
मीराँ के प्रभु गिरधर नागर, मिलके बिछुड़ न जावै।

100

ऐसी लगन लगाय कहाँ तूँ जासी।
तुम देखे बिन कल न पड़त है। तलफि-तलफि जिव जासी।
तेरे खातिर जोगण हूँगी। करवत लूँगी कासी।
मीराँ के प्रभु गिरधर नागर। चरण कँवल की दासी।

लड़ = लड़ी, लर। पोवे = पिरोती है; गिण-गिण = गिन गिन कर; रैण = रैन, रात; विहानी = व्यतीत हो गई; घड़ी = समय।

कल = चैन; तलफि-तलफि = तड़प-तड़पकर; जिव जासी = प्राण निकल जाएँगे; खातिर = लिए; कासी करवत = काशी में काशी करवट नामक स्थान है। यहाँ कुए में आरा लगा हुआ है। प्राचीनकाल में लोग किसी कामना की पूर्ति के लिए अथवा पुण्य-प्राप्ति के लिए मान्यता मानकर आरे पर गिरकर प्राण दे दिया करते थे। अँग्रेजी शासन में इस कुएँ को बन्द करवा दिया गया था।

101

उड़ जावो म्हारी सोन चड़ी।
काहे से मँडाऊँ थारी आँख पाँखड़ी,
काहे से मँड़ाऊँ थारी चौंच जड़ी।
रूपा से मँड़ाऊँ थारी आँख पाँखड़ी,
सोना से मँड़ाऊँ थारी चौंच जड़ी।
कह म्हारी चिड़िया सुगन की बाताँ,
कद आवेला म्हारा श्याम धणी ॥
मीराँ के प्रभु गिरधर नागर,
बाट जोऊँ थारी कदकी खड़ी।

सोन चड़ी = शकुन बनानेवाली चिड़िया, सोन चिरैया; पाँखड़ी = पलकें; कद = कब; आवेला = आएँगे; धणी = स्वामी, पति; बाट = राह; जोऊँ = देखती हूँ; कद की = कब की, कभी की।

102

मैं बैरागण बैठी जागूँ नगर सारो सूतो री आली।
केतो री जागे नगरी रा राजा जब जागे जब राज साधे।
केतो री जागे टाँडा रो नायक जब जागे जब टाँडा लादे।
केतो री जागे बालुडा री माता जब जागे जब बालु हुलरावे।
केतो री जागे जंगल रो जोगी जब जागे जब जोग साधे।
बाई मीराँ के प्रभु गिरधर नागर प्रभु चरणा चित छाजे।

नगर = शहर; सारो = सम्पूर्ण; सूतो = सोया है; केतो = या तो; राज = राज्य की; केतो री = या तो प्रजा रंजन के लिए राजा जागता है; टाँडा = बालध, व्यापार की वस्तुओं से लदे हुए बैलों का समूह; टाँडा नायक = बनजारा; बालुड़ा = बालक की; बालू = बालक; छाजे = रमाना, लगाना; साधे = साधना करता है। जोगी की जोगी साधना रात-दिन चलती है। राजा हो या बनजारा या कि बालक की माता ये सब तो रात को ही जागते हैं। दिन होते ही रात की जागरण-व्यथा को भूल जाते हैं लेकिन बिरहणी-वैरागन को न रात में सोना है न दिन में।

103

पपइया रे! पिव की बाणि न बोल।
सुणि पावेली बिरहणी रे थारी राळेली पाँख मरोड़।
चाँच कटाऊँ पपइया रे ऊपर काळोर लूण।
पिव मेरा मैं पीव की रे तू पिव कहै स कूण।
थारा सबद सुहावणा रे जो पिव मेळा आज।
चाँच मँढाऊँ थारी सोवनी रे तू मेरे सिरताज।
प्रीतम कूँ पतियाँ लिखूँ रे कागा तूँ ले जाय।
जाइ प्रीतमजी सूँ यूँ कहैरे थाँरि बिरहण धान न खाय।
मीराँ दासी ब्याकुळी रे पिव-पिव करत बिहाय।
बेगि मिलो प्रभु अन्तरजामी तुम बिन रह्योइ न जाय।

वाणी = बोली; रालेली = डालेगी; कालोर = काला; लूण = लवण, नमक; तू पिव कहै स कूण = तू कौन है जो पिया का नाम लेता है; मेला = मिलन; चाँच = चोंच; सोवनी = सोने से; धान न खाय = अन्न नहीं खाती; बिहाय = समय बीतता है; रह्योइ न जाय =रहा ही नहीं जाता।

104

घर आँगण न सुहावे, होली पिया बिन मोहि न भावे।
दीपक जोय कहा करूँ सजनी, पिय परदेश रहावे।
सूनी सेज जहर ज्यूँ लागे, सिसक सिसक जिय जावे।
नैण निंदरा नहि आवे।
कदकी ऊभी मैं मग जोऊँ, निसदिन बिरह सतावे।
कहा कहूँ कछु कहत न आवे, हिवड़ो अति उकलावे।
हरि कब दरस दिखावे।
ऐसो है कोई परम सनेही, तुरत सनेसो लावे।
वा विरियाँ कद होसी मुझको, हरि हंस कण्ठ लगावे।
मीराँ मिलि होरी गावे।

आँगण = आँगन; जोय = जलाकर; निंदरा = निद्रा; कद की = कब की; उभी = खड़ी; विरियाँ = समय, अवसर; कद = कब।

105

होली पिया बिन लागै खारी, सुनारी सखी मोरी प्यारी।
सूनो गाँव देस सब सूनो, सूनी सेज अटारी।
सूनी विरहन पिव बिन डोलै, तज दइ पीव पियारी।
भई हूँ या दुःख कारी।
देस विदेस सन्देस न पहुँचै, होय अन्देसा भारी।
गिणताँ गिणताँ घस गई रेखा, आँगलियाँ की सारी।
अजहूँ नहिं आये मुरारी।
बाजत झाँझ मृदंग मुरलिया, बाज रही इकतारी।
आयो बसन्त कन्थ घर नाहीं, तन में जर भया भारी।
स्याम मन कहा विचारी।
अब तो मेहर करो मुझ ऊपर, चित दे सुणो हमारी।
मीराँ के प्रभु मिलज्यो माधो, जनम जनम की मैं थारी।
लगी दरसण की तारी।

अटारी = घर का सबसे ऊँचा भाग; गिणताँ गिणताँ = गिनते गिनते; घस गई = घिस गईं; कन्थ = कन्त, प्रिय, पति; जर = विरह ज्वर; तारी = प्यास।

106

इक अरज सुणो पिय मोरी, मैं किण संग खेलूँ होरी।
तुम तो जाय विदेसाँ छाये, हमसे रहे चित चोरी।
तन आभूषण छोड़े सबही, तज दिये पाट पटोरी।
मिलन की लग रही डोरी।
आप मिल्या बिन कल न पड़त है, त्यागे तलक तमोली।
मीराँ के प्रभु मिलज्यो माधो, सुणज्यो अरजी मोरी।
रस बिन बिरहन दोरी।

पटोरी = रेशमी वस्त्र; डोरी = तीव्र आकाँक्षा; तलक = तिलक; तमोली = ताम्बूल, पान; रस = प्रेम, मिलन रस; दोरी = दुःखी।

107

किण संग खेलूँ होली, पिया तज गए हैं अकेली।
माणिक मोती सब हम छोड़े, गल में पहनी सेली।
भोजन भवन भलो नहिं लागै, पिया कारण भई गैली।
मुझे दूरी क्यूँ म्हेली।
अब तुम प्रीत और से जोड़ी, हमसे करी क्यूँ पहिली।
बहु दिन बीते अजहुँ नहिं आये, लग रही तालावेली।
किण बिलमाये हेली।
स्याम बिना जिबड़ो मुरझावे, जैसे जल बिन बैली।
मीराँ कूँ प्रभु दरसन दीज्यो, जनम जनम की चेली।
दरसन बिन खड़ी दुहेली।

गैली = पगली, बावली; म्हेली = रखी; तालाबेली = व्याकुलता; बिलमाये = मोहित करना; हेली = सखी; बैली = बेल, लता, बल्लरी; दुहेली = दुःखी; सेली = योगियों की माला।

108

राणाजी थे जहर दियो म्हे जाणी।
जैसे कंचन दहत अगिन में, निकसत बाराबाणी।
लोक लाज कुल काण जगत की, दइ बहाय जस पाणी।
अपणे घर का परदा करले, मैं अबला बौराणी।
तरकस तीर लग्यो मेरे हियरे, गरक गयो सनकाणी।
सब सन्तन पर तन मन वारी, चरण कँवल लपटाणी।
मीराँ को प्रभु राखि लई है, दासी अपणी जाणी।

109

राणाजी हूँ अब न रहूँगी तोरी हटकी।
साध संग मोहि प्यारा लागै, लाज गई घूँघट की।
पीहर मेड़ता छोड़ा अपना, सुरत निरत दोउ चटकी।
सतगुरु मुकर दिखाया घट का, नाचूँगी दे दे चुटकी।
हार सिंगार सभी ल्यों अपना, चूड़ी करकी पटकी।
मेरा सुहाग अब मोकूँ दरसा, और न जाने घटकी।
महल किला राणा मोहिं न चाये, सारी रेसम पटकी।
हुई दिवानी मीराँ डोलै, केस लटा सब छिटकी।

अगनि = अग्नि में; बाराबाणी = शुद्ध, खरा; बौराणी = पागल हो गई; तरकस....सनकाणी = भगवद् प्रेम रूपी बाण हृदय में ऐसा गहरा लग चुका है जो किसी प्रकार निकाले नहीं निकल सकता; गरक गयो = गहरे प्रवेश कर गया है।

हटकी = रोकी; सुरत-निरत सब चटकी = सारी चित्तवृत्तियाँ प्रेम में लीन हो गईं; मुकर = दर्पण; घट का = अन्तराल, अन्तःकरण का; करकी = हाथ की; दरसा = दिखाई पड़ा; चाये = चाहिए; पटकी = वस्त्र की; छिटकी = बिखर गई।

110

हरि बिन मोरी कौन खबरि ले, साँवरिया गिरधारी।
मोर मुकुट शिर छत्र बिराजै, कुण्डल की छवि न्यारी।
लटपट पाग केसरिया बागो, हिवड़े हार हजारी।
वृन्दावन में धेनु चरावे। बंशी बजावे गिरधारी।
मीराँ के प्रभु गिरधर नागर, चरण कमल बलिहारी।

111

तुम बिना मोरी कोन खबर ले गोवरधन गिरधारी।
खम्ब फाड हरणाकुश मार्‍यो, भक्त प्रह्लाद बचायो।
नरसी महता की हुण्डी सिकारी, राग केदारो सुनायो।
धना भक्त की खेती निपजाई, वाया तुम्बा मोती होया।
राखी लाज सभा में द्रुपद सुता का चीर बढ़ाया।
सेंण भक्त का साँसा मेट्‍या, नृप को जाय सँवारया।
विष रा प्याला राणेजी भेज्या, विष अमृत कर डारया।
विप्र सुदामा तारयो सुवा पढ़ावत गणिका तारी।
मीराँ के प्रभु गिरधर नागर चरण कमल बलिहारी।

कौन खबरि लै = कौन चिन्ता करे; लटपट = तरतीब रहित; पाग = पगड़ी; बागौ = एक प्रकार का वस्त्र; हिवड़े = हृदय पर; हार हजारी = एक प्रकार का विशेष हार;

वाया = बोये; तुम्बा = कड़वा कद्दू; सेंण = सेन; साँसा = संशय।

112

काँई थारो लागै छै गोपाल।
गढ़ से तो मीराँबाई ऊतरयाजी, हाथ मगद को थाल।
औराँ के तो ऊन धन लक्ष्मी, आप फिरो कंगाल।
ऊँचा राणाजी रा गोखड़ाजी, नीची मीराँबाई री साल।
रमताँ तो पायो मीराँ काँकसे, कोई सेवा सालिगराम।
जहर पियाला राणाजी भेजियाजी द्यो मीरा ने जाय।
कर चरणामृत मीराँ पी गई, कोई आप जानो रघुनाथ।
साँप टिपारा राणाजी भेज्या, कोई द्यो मीराँ ने जाय।
कर खंगबालो मीराँबाई पहरियो, कोई होगयो नोसरहार।
काढ़ कटारो राणाजी बैठिया, ल्यो मीराँ ने मार।
इत माराँ उत दोष लगे, कोई छत्री धरम घट जाय।
साँड़्या साँडिया पलाणज्यो म्हे चालाँ सो सो कोस।
राणाजी का देश में कोई, जल पीवा को दोस।
साँड़्यो फिर कर देखियोजी, दीखै मीराँबाई रो देश।
मीराँ गिरधर के रंग राची, रंच न रह्यो कलेस।

काँई = क्या; लागै छै = लगता है; मगद = मीठा विशेष खाद्य; ऊन = अन्न; साल = बरामदा; रमताँ = खेलते हुए; काँक से = कंकर; रमताँ.....सालिगराम = खेलते हुए जो कंकर मिला उसी को शालिगराम मानकर सेवा; खंगबालो = खुंगाला, गले में पहनने का आभूषण; साँड़्या = साँड़ (ऊँट) वाला। साँड़िया = ऊँट; पलाणज्यो = काठी कसो; जल-पीवा का दोस = जल पीना भी अपराध है। रंच न = थोड़ा सा भी।

इत माराँ उत दोष लगै.....घट जाये = क़टार लेकर मीराँ को मारने चले राणा के मन में यह विचार आया कि इस प्रकार मारने से कहीं क्षत्रिय-धर्म तो कलंकित नहीं होगा?

साँड़्यो....जल पीवा रो दोष = अन्यायी राजा के राज्य में जल पीना भी अपराध है इस विचार से मीराँ ने ऊँटवाले को बुलाकर ऊँट की काठी कसने को कहा।

साँड़्यो फिर कर....कलेस = ऊँटवाले ने जब पीछे मुड़कर देखा तो उस स्वदेश (मेवाड़) छोड़ने का क्लेश हुआ किन्तु उसे इस बात से सन्तोष हुआ कि मीराँबाई क्लेशमुक्त हुईं।

113

तेरा मेरा जियड़ा, एक कैसे होय, राम।
हमने कहा सुरझावन राणाँ, तुम जाते उरझाय, राम।
हमने कहा निरमोहित रहना, तुम तो जात मोहाय, राम।
तेल जले तो जलती है बाती, दिवरा झलमल सोय, राम।
जल गया तेलरू बुझ गई बाती, लच्चर लच्चर होय, राम।
हमने कहा आँखिन का देखा, तुम कानों सुनि सोय, राम।
मीराँ के प्रभु गिरधर नागर, होनहार सो होय, राम।

114

माई म्हाँने सुपना में परणी गोपाल।
राती पीरी चुनर पहरी, महँदी पान रसाल।
काँई कराँ और संग भाँवर, म्हाँने जग जंजाल।
मीराँ प्रभु गिरधरलाल सूँ, करी सगाई हाल।

जियड़ा = मन; निरमोहित = मोहरहित, अनासक्त; दिवरा = दीपक; लच्चर-पच्चर = मन्द-मन्द होते-होते; झलमल = जगमगाता है। तेल....लच्चर-लच्चर होय = देह क्षणभंगुर है इसलिए जब तक देह स्वस्थ है तब तक आत्म-कल्याण के साधनों को अपना लेना चाहिए।

परणी = विवाह किया; सुपना = स्वप्न में; राती-पीली = लाल-पीली; काँई कराँ....जग जंजाल = प्रभु को छोड़कर दूसरों के साथ क्या फेरे लिए जाएँ, वे सब तो उपाधि-प्रपंच रूप हैं। हाल = अभी।

115

माई! म्हाँने सुपने में, परण गया जगदीश।
सोती को सुपने आवीयाजी, सुपनो विश्वाबीस।
गैली दीखे मीराँ बावली, सुपनो आल जंजाल।
माई म्हाने सुपने में, परण गया गोपाल।
राती पीली चुनड़ी ओढ़ी, मेहँदी हाथ रसाल।
काँइ और को बरूँ भाँवरी, म्हाँ के जग जंजाल।
अंग अंग हल्दी मैं करीजी, सूधे भीज्याँ गात।
माई! म्हाँने सुपने में, परण गया दीनानाथ।
छप्पन क्रोड़ जहाँ जान पधारे, दुलहो श्री भगवान।
सुपने में तोरण बाँधियोजी, सुपने में आई जान।
मीराँ ने गिरधर मिल्याजी, पूर्व जनम के भाग।
सुपने में म्हाँने परण गयाजी, हो गयो अचल सुहाग।

परण गया = ब्याहना, विवाह करना; विश्वाबीस = पूर्ण रूप से, पूरा और विश्वसनीय; गैली = मार्ग में; आल जंजाल = मिथ्या; अंग-अंग हल्दी में करी जी = अंग विरहाग्नि में पीला पड़ गया; सूधे = अमृत में, सुधा; जान = बराती; पधारे = आए; तोरण = बन्दनवार; अचल = अटल।

116

हरि के चरणों में चित जागो मेवाड़ा राणा!
राणाजी लेकर कंकर मारा। होगया सालीगराम रे मेवाड़ा राणा!
विष रा प्याला राणाजी भेज्या
होगया अमृतसार रे मेवाड़ा राणा!
साँप पिटारो राणाजी भेज्यो
होगयो नोसरहार रे मेवाड़ा राणा!
मीराँ के प्रभु गिरधर नागर।
तेरे चरणों में मेरा ध्यान रे मेवाड़ा राणा!

117

सॉंवरा बिन नींद न आवे, आवे री मेरो जीवड़ो अकुलावे।
श्याम बिना मेरे जग में अँधेरो, दीपक दाय न आवे।
श्याम बिना मेरी सेज अलूणी, जागत रैन डरावे।
दृगन झर ल्यावे री ल्यावे।
विरह की मारी सब जग हेरूँ, जे कोई श्याम मिलावे।
विरह नाग मेरी काया डसत है, लहर लहर जिय जावे।
जड़ी घस ल्यावे री ल्यावे।
सुण सुण री मेरी बगड़ पडोसण, जे कोई श्याम मिलावे।
मीराँ के प्रभु गिरधर नागर, मोहन मोहन भावे।
कदे घर आवे री आवे।

118

डार गयो रे गले मोहन पाँसी।
ऊँचीसी अटाली पर मेहुँडा बरसत, बूँद लगी जसी तीर की गाँसी।
आंबुवा की डाली पर कोयल बोलत, बोलत बचन उदासी।
आपन ज्याकर द्वारका छाये, म्हारो तो मरनो भयो थारी भई हाँसी।
मीराँ कहे प्रभु गिरधर नागर, थे तो मारा ठाकुर मैं तो थारी दासी।

अकुलावे = व्याकुल होता है। दाय न आवे = भला नहीं लगता, नहीं सुहाता; अलूणी = नीरस, सूनी; दृगन झर ल्यावे = आँखों में आँसुओं की झड़ी लग जाती है; हेरूँ = तलाश करना; कद = कब; जड़ी = जड़ी-बूटी, रोग विनाशक औषधि।

पाँसी = पाश, बन्धन; अटाली = अटारी; मेहुँडा = मेघ; जसी = जैसे; गाँसी = तीर, बरछी, भाले का नुकीला फल; आंबुवा = आम की; उदासी = उदास; दासी = सेविका।

119

रे पपइया प्यारे कब को वैर चितार्‌यो।
मैं सूती छी अपने भवन में, पिय-पिय करत पुकारयो।
दाध्या ऊपर लूण लगायो, हिवड़ो करवत सारयो।
उठि बैठो वा वृच्छ की डाली, बोल बोल कण्ठ सारयो।
मीराँ के प्रभु गिरधर नागर, हरि चरणाँ चित धारयो।

120

माई मेरे नैनन बान परी री।
जा दिन नैनाँ श्याम न देखों, बिसरत नाहीं घरी री।
चित बस गई साँवरी सूरत, उर तें नाहीं टरी री।
मीराँ हरि के हाथ बिकानी, सरबस दे निबडी री।

चितार्‌यो = याद किया है; दाध्या = जले के ऊपर; करवत सार्‌यो = आरा चलाया; सार्‌यो = फाड़ डाला।

सरबस = सर्वस्व; निबडी री = देकर निवृत्त हुई, दे बैठी।

121

हेली म्हाँसूँ हरि बिन रह्यो न जाय।
सास लड़ै मेरी ननद खिजावै, राणा रह्या रिसाय।
पहरो भी राख्यो चौकी बिठाई, ताला दियो जड़ाय।
पूर्व जनम की प्रीत पुरानी, सो क्यूँ छोड़ी जाय।
मीराँ के प्रभु गिरधर नागर, और न आवे म्हाँरी दाय।

हेली = सखी; बिन = बिना; खिजावै = क्रोधित होना; रिसावै = नाराज होते हैं; चौकी = निगरानी, चौकीदारी; जड़ाय = लगा देना, जड़ देना; दाय = पसन्द, प्रिय लगना।

122

परम सनेही राम की नित ओळूँ रे आवे।
राम हमारे हम हैं राम के, हरि बिन कछु न सुहावै।
आवण कह गये अजहुँ न आये, जिवड़ो अति उकलावै।
तुम दरसण की आस रमैया, कब हरि दरस दिखावै।
चरण कँवल की लगनि लगी नित, बिनु दरसण दुःख पावै।
मीराँ कूँ प्रभु दरसण दीज्यौ, आणँद वरणयूँ न जावै।

123

बरजी मैं काहूकी नाहिं रहूँ।
सुणो री सखी तुम चेतन होय कै, मन की बात कहूँ।
साध-संगति कर हरि-सुख लेऊँ, जग सूँ दूर रहूँ।
तन धन मेरो सबही जावो, भल मेरो सीस लहूँ।
मन मेरो लागो सुमरण सेती, सबका मैं बोल सहूँ।
मीराँ के प्रभु हरि अविनासी, सतगुरु सरण गहूँ।

बरजी = वर्जित, रोकना; चेतन = ध्यानपूर्वक; लेऊँ = प्राप्त करूँ; सीस लहूँ = सिर भी काट दिया जाए; सेती = के लिए, में; सरण = शरण।

124

अटकी मैं नाहिं रहूँगी, म्हारो श्यामसुन्दर भरतार।
एक बेर बरजी दोय बेर बरजी, बरजी सो सो बार।
सासू जी बरजी ननद भी बरजी, राणोजी दावादार।
साध संगत मैं नित उठ करस्यूँ, भल निन्दो संसार।
मीराँ कहे प्रभु हरि अनिवाशी, पूरण ब्रह्म अपार।

125

साँवरिया रंग राती, राणा में।
जिनके पिया परदेश बसत है, लिख लिख भेजे पाती।
मेरे पिया मेरे हीदे बसत है, यह कछु कही न जाती।
जुदा सुहाग जगत का सजनी होय होय मिट जासी।
मेरो पति अविनाशी विश्वम्भर जाहे काल न खाशी।
और तो प्यालो पी पी माती, में बिन पिये ही माती।
ये प्याला है प्रेम हरी का, छकी रहूँ दिन राती।
कोई खरी कोई खोटी कहे में प्रेम रीति सुहाती।
मीराँ कहे प्रभु गिरधर नागर, नाम रटुँ दिन राती।

भरतार = पति; बेर = बाद; बरजी = मना करना, रोकना; दावेदार = स्वामित्व दिखानेवाले; भल निन्दो = चाहे सारा संसार निन्दा करे; अपार = जिसका कोई ओर छोर न हो।

राती = निमग्न; हीदे = हृदय में; जुदा = अलग, दूसरी तरह का; होय होय मिट जाती = हो-होकर मिट जानेवाला, अल्पकालीन; खाशी = खाएगा; न खाशी = नहीं खा सकेगा; माती = मस्ती में डूबना; छकी = छकना, तृप्त होना; रीति = मार्ग, विधि।

126

वै न मिले जिनकी हम दासी।
पात पात वृन्दावन ढूँड्यौ ढूँढि फिरी सगरी मैं कासी।
कासी कौ लोग बड़ो बिसवासी मुख मैं राम बगल मैं पाँसी।
आधी कासी मैं बाँभण बणियाँ आधी कासी बसें संन्यासी।
मीराँ के प्रभु हरि अविनासी हरि चरणाँ की रहौं मैं दासी।

127

साजन वेगा घर आज्यो हो।
आदि अन्त का मिंत हो, हमको सुख लाजो हो।
अविनाशी आया सुनूँ, जब नव निधि पाऊँ हो।
साहिब सूँ मन माहिलो, दुःख टेर सुनाऊँ हो।
वा बारियाँ कब होवसी, कोई कहे सँदेशा हो।
मीराँ कहे इस बात का मोहिं, खरा अँदेशा हो।

पात-पात = पत्ता-पत्ता; सगरी = सारी; पाँसी = पाश, बन्धन; बाँमण = ब्राह्मण।

मिंत = मित्र; अविनाशी आया....सुनाऊँ हो = प्रभु को आया हुआ सुनूँगी तो नव निधि पा ली समझूँगी तब उन्हें अपने अन्तःस्थल की मर्मवेदना सुनाऊँगी; महिलो = अन्दर का; वा बिरियाँ....अँदेशा हो = ऐसी घड़ी कब आएगी, जब कोई आकर श्यामसुन्दर का सन्देशा सुना दे किन्तु इसी बात का मुझे पूरा संशय है। वा बिरिया = वह समय; अँदेशा = संशय।

128

पिया मोहि दरसण दीजै हो।
बेर-बेर मैं टेरहूँ या किरपा कीजै हो।
जेठ महीने जळ बिना पंछी दुःख होई हो।
मोर असाढ़ाँ कुरळहे घन चात्रक सोई हो।
सावण में झड़ लागियो सखि तीजाँ खेलै हो।
भादरवै नदियाँ बहै दूरी जिन मेलै हो।
सीप स्वाति ही झेलती आसोजाँ सोई हो।
देव काती में पूजहे मेरे तुम होई हो।
मँगसर ठण्ड बहोती पड़ै मोहि बेगि सम्हालो हो।
पोस महीं पाला घणा, अबही तुम न्हालो हो।
महा महीं बसन्त पंचमी फागाँ सब गावै हो।
फागुण फागाँ खेल हैं बणराव जरावै हो
चैत चित्त में ऊपजी दरसण तुम दीजै हो।
बैसाख बणराइ फूलवै कोयल कुरळीजै हो।
काग उडावत दिन गया बूझूँ पण्डित जोसी हो।
मीराँ बिरहण व्याकुली दरसण कद होसी हो।

टेर हूँ = पुकारती हूँ; असाढ़ाँ = आषाढ़ मास; कुरलहे = कलरव करते हैं; चात्रक = चातक; सोई हो = उसी प्रकार से; तीजाँ = तीजों का त्यौहार; जिन = मत; मेलै = रखना; स्वाति = स्वाति नक्षत्र के जल को; झेलती = ग्रहण करती है; आसोजा = आश्विन में; सोई = वह; काती = कार्तिक; तुम होई हो = तुम्हीं हो; मगसर = मार्गशीर्ष; न्हालो = देखो, सँभालो; महा = माघ; फागाँ = फागुन के गीत, एक प्रकार का राग जो फागुन में गाया जाता है; वनराइ = वनस्पति; जरावै = मुझे जलाती है; ऊपजी = उत्पन्न हुई; फूलवै = फूलती है; कुरलीजै = करुण स्वर में बोलती है; बूझूँ = पूछती हूँ; जोसी = ज्योतिषी; होसी = होंगे।

129

जोगी मतजा मतजा मत जा पाँव परू मैं तेरी।
प्रेम-भक्ति को पैंड़ो हि न्यारो, हमकूँ गैल बताजा।
अगर चन्दन की चिता रचाऊँ, अपने हाथ जला जा।
जल बल भई भस्म की ढेरी, अपने अंग लगाजा।
मीराँ कहै प्रभु गिरधर नागर, जोत में जोत मिलाजा।

130

जोगी म्हाँने दरस दियाँ सुख होइ।
नातरि दुःखी जग माहिं जीवड़ो, निस दिन झूरै तोइ।
दरस दिवानी भई बावरी, डोली सब ही देस।
मीराँ दासी भई है पण्डर, पलट्या काला केस।

पैंडो = रास्ता; न्यारो = भिन्न, अलग, जुदा; अगर = एक सुगन्धित वस्तु; जला जा = प्रज्वलित कर जा; ढेरी = ढेर; जोत = ज्योति; जोत में जोत = अपने में विलीन कर ले।

नातरि = नहीं तो; निसि दिन = रात दिन; डोली = यहाँ-वहाँ डोलती फिरी; पण्डर = पीला पड़ना; पलट्या = बदल गए, सफेद हो गए; केस = बाल।

131

जागो बंशीवारे ललना, जागो मोरे प्यारे।
रजनी बीती भोर भयो है, घर घर खुले किंवारे।
गोपी दही मथत सुनियत है, कँगना के झनकारे।
उठो लालजी भोर भयो है, सुर नर ठाडे द्वारे।
ग्वाल बाल सब करत कुलाहल, जय जय सबद उचारे।
माखन रोटी हाथ में लीनी, गउवन के खरवारे।
मीराँ के प्रभु गिरधर नागर, शरणागत कूँ तारे।

132

तुम सुणो दयाल म्हाँरी अरजी।
भवसागर में बही जात है, काढो तो थाँरी मरजी।
यो संसार सगो नहिं कोई, साँचा सगा रघुवीरजी।
मात पिता सुत कुटुम्ब कबीलो, सब मतलब के गरजी।
मीराँ के प्रभु अरजी सुणलो, चरण लगावो थाँरी मरजी

ललना = लाल; किंवार = किवाड़; सुनियत है = सुनते हैं; कँगना = कंगन, कंकण; झनकारे = झंकार, आवाज; भोर = सवेरा, प्रातः; द्वारे = दरवाजे पर; ठाढ़े = खड़े हैं (तुम्हारे जागने की प्रतीक्षा में); कुलाहल = कोलाहल, शोर; आयाँ को = आए हुओं को।

अरजी = प्रार्थना; काढ़ो = निकालो; थाँरी = आपकी; कबीला = परिवार के सब लोग। गरजी = स्वार्थी।

133

सीसीद्यो रूठयो तो म्हाँरो काँई कर लेसी।
म्हे तो गुण गोविन्द का गास्याँ हो माई।
राणोजी रूठ्यो वाँरो देस रखासी,
हरि रूठ्याँ किठे जास्याँ हो माई।
लोक लाज की काण न मानाँ,
निरभै निसाण घुरास्याँ हो माई।
राम नाम की झाझ चलास्याँ,
भौ सागर तर जास्याँ हो माई।

134

सीसोद्या राणो, प्यालो म्हाने क्यूँ रे पठायो।
भली बुरी तो मैं नहिं किन्हीं, राणो क्यूँ है रिसायो।
थाने म्हाने देह दिवी है, ज्याँरो हरिगुण गायो।
कनक कटोरे ले विष घोल्यो, दयाराम पण्डो ल्यायो।
अठी उठी तो मैं देख्यो, कर चरणामृत पायो।
आज काल की मैं नहिं राणा, जद यो ब्रह्माण्ड छायो।
मेड़तियाँ घर जन्म लिया है, मीराँ नाम कहायो।
प्रह्लाद की प्रतिज्ञा राखी, खम्भ फाड़ वेगो धायो।
मीराँ कहे प्रभु गिरधर नागर, जनको बिड़द बढ़ायो।

काँई कर लेसी = क्या कर लेगा?; सीसीद्यो = सिसोदिया वंश का, मेवाड़ के राणाओं का का वंश, मीराँ के देवर; वाँरो = उनका; काण = मर्यादा; घुरास्याँ =बजाऊँगी; झाझ = जहाज; भौ = भव, संसार; तर = पार जाना।

थाँने-म्हाँने = तुम्हें-हमें; दिवी है = दी है; कनक कटोरे = सोने के प्याले में; जन को = भक्त का; बिड़द = विरुद, यश।

135

अब नहिं मानूँ राणा थाँरी, मैं बर पायो गिरधारी।
मनि कपूर की एक गति है, कोऊ कहो हजारी।
कंकर कंचन एक गति है, गुंज मिरच इकसारी।
अनड़ धणी को सरणो लीनो, हाथ सुमिरनी धारी।
जोग लियो जब क्या दिलगीरी, गुरु पाया निज भारी।
साधू संगत महँ दिल राजी, भई कुटुम्ब सूँ न्यारी।
क्रोड़ बार समझावो मोकूँ, चालूँगी बुद्ध हमारी।
रतन जड़ित की टोपी सिर पै, हार कण्ठ को भारी।
चरण घूँघरू घमस पड़त है, म्हें कराँ स्याम सूँ यारी।
लाज सरम सबही मैं डारी, यौ तन चरण अधारी।
मीराँ के प्रभु गिरधर नागर, झक मारो संसारी।

अनड़ = अलौकिक; धणी = स्वामी; गुँज = गुँजा फल, घुँघची; क्रोड़ = करोड़; चरण.... पड़त है = पैरों में पहने हुए घुँघरुओं की झंकार होती है; यारी = मित्रता; अधार = आश्रित; झख मारना = व्यर्थ और तुच्छ काम करना; झख मारो संसारी = संसार के लोग तुच्छ से तुच्छ काम करें।

136

मीराँ मगन भई हरि के गुण गाय।
साँप पिटारा राणा भेज्या, मीराँ हाथ दियो जाय।
न्हाय धोय जब देखन लागी, सालिगराम गई पाय।
जहर का प्याला राणा भेज्या, इम्रत दिया बनाय।
न्हाय धोय जब पीवन लागी, हो गई अमर अंचाय।
सूली सेज राणा ने भेजी, दीज्यो मीराँ सुवाय।
साँझ भई मीराँ सोवण लागी, मानो फूल बिछाय।
मीराँ के प्रभु सदा सहाई, राखे बिघन हटाय।
भजन भाव में मस्त डोलती, गिरधर पर बलि जाय।

137

राणा जी थे क्याँने राखो म्हाँसूँ बैर।
थे तो राणाजी म्हाँने इसड़ा लागो, ज्यों ब्रच्छन में कैर।
महल अटारी हम सब त्याग्या, त्याग्यो थाँरो बसनी सहर।
काजल टीकी राणा हम सब त्याग्या, भगवी चादर पहर।
मीराँ के प्रभु गिरधर नागर, इमरत कर दियो जहर।

अंचाय = आचमन करके; इम्रत = अमृत; सुवाय = सुला देना। बिघन = विघ्न।

क्याँने = किसलिए; म्हाँसूँ = हम से; ईसड़ा = ऐसे; ब्रच्छन = वृक्षों में; कैर = काँटेदार पेड़, करीर का वृक्ष; बसनी = रहना, बसना; सहर = नगर; त्याग्यो थाँरो बसनी सहर = तुम्हारे नगर में बसना छोड़ दिया; भगवी = गेरुआ वस्त्र।

138

छोड़ मत जाज्योजी महाराज।
मैं अबला बल नायँ गुसाईं, तुम ही मेरे सिरताज।
मैं गुणहीन गुण नायँ गुसाईं, तुम समरथ महाराज।
थाँरी होय के किणरे जाउँ तुम ही हिवड़ा रो साज।
मीराँ के प्रभु और न कोई राखो अब के लाज।

139

म्हारी सुध ज्यूँ जाणो त्यूँ लीजो।
पल पल उभी पन्थ निहारूँ, दरसन म्हाने दीजो।
मैं तो हूँ बहु औगुणवाली, औगुण सब हर लीजो।
मैं तो दासी थाँरे कँमल की, मिल बिछुड़न मत कीजो।
मीराँ के प्रभु गिरधर नागर, हरि चरणाँ चित दीजो।

जाज्योजी = चले मत जाना; समरथ = समर्थ; किणरे = किस के; हिवड़ा रो साज = हृदय के शृंगार।

ज्यूँ जाणो = जो सम्बन्ध मानो उसी से; उभी = खड़ी; पन्थ = मार्ग; निहारूँ = देखूँ; औगुणवाली = अवगुणोंवाली; चरणाँ = चरणों में।

140

राणाजी! म्हारे गिरधर प्रीतम प्यारो।
व्यापक होय रह्यो घट घट में, है सबही से न्यारो।
अन्तर घट की सबही जाणे, सबही को सरजण हारो।
आपतो भेज्या विषरा प्याला, दे मीराँ ने मारो।
कर चरणामृत पी गई जी, गिरधर संकट टारो।
जनम जनम रो पति परमेश्वर, राणो जी कोन बिचारो।
मीराँ के प्रभु गिरधर नागर, साँचो बँसरी वालो।

141

साध आया वो राणा! म्हे सुणयाँ, श्रवणाँ सुणीजी आवाज।
म्हारो मन लाग्यौ वैराग सूँ, रमस्याँ साधाँरी साथि।
साथ संगति छोड़िद्यौ, बेठो राणयाँ रै पास।
साध हमारे सिरधणी, साधू मायर बाप।
इक कुल लाजे आपणौ, दूजौ राय राठौड़।
तीजो लाजै मेड़तो, चौथो गढ़ चित्तौड़।
इक कुल राणा त्यारूँ, आपणौं, दूजो राइ राठोड़।
तीजो त्यारूँ राणा मेड़तो, चौथो गढ़ चित्तौड़।
बागाँ तो बोली कोइली, गिर पर बोल्याजी मोर।
मीराँ नै सतगुरु मिल्या, नागर नन्दकिसोर।

अन्तर घट की = मन की, हृदय की; टारो = टाला, दूर किया; बँसरी = बाँसुरी, वंशी।

श्रवणाँ = कानों से; साध = साधु जन; सुरायाँ = सुना है; रमस्याँ = सत्संग करना, रमना; मायर = माँ-बाप; त्यारूँ = त्यागना, छोड़ना; कोइली = कोयल; गिर = पर्वत पर।

142

हरि मेरे जीवन प्रान अधार।
और आसरो नाँही तुम बिन, तीनूँ लोक मँझार।
आप बिना मोहि कछु न सुँहावै, निरख्यौ सब संसार।
मीराँ कहै मैं दास रावरी, दीज्यौ मती बिसार।

जीवन = जीवन-रूप; आसरो = आश्रय, अवलम्ब; तीनूँ लोक = तीनों लोक, स्वर्ग, पृथ्वी, पाताल; मँझार = मध्य; निरख्यौ = देख लिया; दीजौ मती बिसार = भुला मत देना।

143

न भावे थाँरो देसड़लो जी रंग रूड़ो।
थाँरा देसाँ में राणा साध नहीं है, लोग बसै सब कूडो।
गहण गाँठी राणा! हम सब त्याग्या, त्यागो कर रो चूडो।
तन की आस कछु नहीं कीनी, ज्यूँ रण माहीं सूरो।
घूँघट को पल खोल दियो है, सिर पर बाँध्यो जूडो
मेवा मिसरी मैं सबही त्यागा, त्यागा छे सक्कर बूरो।
मीराँ के प्रभु गिरधर नागर, वर पायो छे पूरो।

रंग-रुड़ो = सुन्दर रंगवाला; थाँरा = आपके, तुम्हारा; कूड़ो = कूड़ा, झूठे, निक्कमे; चूड़ो = चूड़ियाँ; सूरो = शूरवीर; पूरो = परिपूर्ण, दोषरहित।

144

तेरो कोई नहिं रोकणहार, मगन होय मीराँ चली।
लाज सरम कुल की मरजादा, सिर मैं दूरि करी।
मान अपमान दोउ धर पटके, निकसी हूँ ग्यान गली।
ऊँची अटरिया लाल किंवड़िया, निरगुण सेज बिछी।
पँचरंगी झालर सुभ सोहै, फूलन फूल कली।
बाजूबन्द कठुला सोहै, सिन्दुर माँग भरी।
सुमिरन थाल हाथ में लीन्हा, सोभा अधिक खरी।
सेज सुखमणा मीराँ सोवे, सुभ है आज घरी।
तुम जावो राणा घर अपणे, मेरी तेरी नाहिं सरी।

धर पटके = विस्मृत कर दिए हैं, भूल गई हूँ; ऊँची अटरिया = शून्य ब्रह्माण्ड, जहाँ योगी लोग ज्योति स्वरूप आत्मा का अनुभव करते हैं। लाल किंवड़ियाँ = लाल किवाड़-प्रेम के किंवाड़ (प्रेम का रंग काव्य में लाल माना गया है); निरगुण = निर्गुण, सत्व, रज, तमोगुण रहित परमात्मा; कठुला = गले का एक आभूषण; सेज सुखमणा = सुषुम्ना नाड़ी, यह इला पिंगला नाड़ियों के बीच में होती है, यहाँ मन का लय हो जाता है; सरी = बनेंगी, पटेगी।

यह पद मीराँ की निर्गुण पन्थियों की सी रहस्य-भावना का उदाहरण है। कबीर की साखियों में भी प्रायः ऐसी ही रहस्य-भावना मिलती है।

145

मैं तो साँवरे के रंग राँची।
साजि सिंगार बाँधि पग घुँघरू, लोक-लाज तजि नाची।
गई कुमति लई साधु की संगति, भगत रूप भई साँची।
गाय गाय हरि के गुण निसदिन, काल-व्याल सूँ बाँची।
उण बिन सब जग खारो लागत, और बात सब काँची।
मीराँ श्री गिरधरन लाल सूँ, भगति रसीली जाँची।

रंग-राची = प्रेम में रंग गई; साजि = सजाकर; सिंगार = श्रृंगार; लोक-लाज = समाज की लज्जा; कुमति = दुर्बुद्धि; काल-व्याल = काल रूपी सर्प; बाँची = बच गई; रसीली = सरस; जाँची = माँगी।

146

राणा म्हें तो गिरधरिये रंग राती।
महल तो मालिया राणा काम न आवे म्हारे।
टूटी झुँपड़ियाँ मन भावे।
सोना नी झारी नो राणा नीर नहिं भावे।
कड़वी तूमड़ियाँ मन भावे।
लाडु जलेबी राणा कछु नहिं भावे।
खाटी राबड़िया मन भावे।
साल तो दुसाला राणा काम नहिं आवे म्हारे।
फाटी कामलिया मन भावे।
बाई मीराँ के छे बाला गिरिधर नागर।
चरण कमल मन भावे।

झारी = जल पात्र; नीर = जल, पानी; तूमड़ियाँ = एक प्रकार का कड़वा फल; लाडू = लड्डू; राबड़िया = राबड़ी, मक्की के आटे से छाछ में पकाया विशेष प्रकार का तरल पदार्थ; साल = शाल, ओढ़ने का ऊनी मूल्यवान वस्त्र; फटी कामलिया = फटा कम्बल; बाला = प्रिय।

147

राणाजी म्हे तो गोविन्द के गुण गास्याँ।
चरणाम्रित को नेम हमारे, तिन उठ दरसण जास्याँ।
हरि मन्दिर में निरत करास्याँ, घूँघरिया घमकास्याँ।
राम नाम का झाझ चलास्याँ, भवसागर तर जास्याँ।
यह संसार बाड़ का काँटा, ज्या संगत नहिं जास्याँ।
मीराँ कहै प्रभु गिरधर नागर, निरख परख गुण गास्याँ।

चरणाम्रित = चरणामृत; नेम = नियम, प्रण; निरत = नृत्य, नाच; करास्याँ = करूँगी; घूँघरिया = घुँघरू; धमकास्याँ = बजाऊँगी, छनछनाऊँगी; झाझ = जहाज; चलास्याँ = चलाऊँगी; बाड़ = काँटों का घेरा; निरख-परख = भली भाँति देखभाल कर।

148

मैं तो नहीं रहूँ राणाजी थाँरा देश में रे।
विष का प्याला राणा भेजिया दो मीराँ के हाथ।
कर चरणामृत पी गई राख लही रघुनाथ।
राणाजी वासो आपियो भूत महल के माँय।
भूत पिसाच भाग गये प्रकट भये यदुराय।
साँप पिटारा राणा भेजिया दो मीराँ के हाथ।
सालिग्राम कर सेविया हो गया नौसरहार।
तारयो पीहर सासरो तारी गढ़ चित्तौर।
मीराँ ने गिरधर मिल्या नागर नन्दकिशोर।

वासो : रहने का स्थान; आपियो = दिया; माँय = में, अन्दर; सेविया = सेवा करी; नौसरहार = गले में पहनने का आभूषण।

149

मेरे तो गिरधर गोपाल, दूसरो न कोई।
जाके सिर मोर मुकुट, मेरो पति सोई।
तात मात भ्रात बन्धु, आपनो न कोई।
छाँड़ि दई कुल की कानि, कहा करि है कोई।
सन्तन ढिग बैंठि बैंठि, लोक लाज खोई।
चुनरी के किये टूक, ओढ़ लीन्हीं लोई।
मोती मूँगे उतार, वनमाला पोई।
अँसुवन जल सींचि सींचि प्रेम बेलि बोई।
अब तो बेल फैल गई आणंद फल होई।
दूध की मथनियाँ, बड़े प्रेम से बिलोई।
दधि मथि घृत काढ़ि लियो, डारि दई छोई।
भगत देखि राजी हुई, जगत देखि रोई।
दासी मीराँ लाल गिरधर, तारो अब मोही।

मोर मुकुट = मोर पंखों से युक्त मुकुट; सोई = वही; कानि = मर्यादा, लज्जा, लिहाज; ढिंग = समीप; बेलि = प्रेम की बेल; फैलि गयी = (सारे शरीर में) व्याप्त हो गई; मथनियाँ = दही बिलोने का पात्र; बिलोयी = मथी; घृत = सार, घी; डार दयी = फेंक दी; छोई = सारहीन अंश, छाछ; भगत = भक्त-जनों को; जगत = संसार (हरि विमुख लोगों को); तारो = उद्धार करो।

150

राणो म्हारो काँई करी है मीराँ छोड़ दई कुल लाज।
डब्बा खोली मीराँ जब देख्यो हो गये शालिग्राम।
जय जय ध्वनि सब सन्त सभा भई, कृपा करी घनश्याम।
साजि शृंगार पग बाँधी घूँघरू, दोउ कर देती ताल।
ठाकोर आगे नृत्य करत रही, गावत श्री गोपाल।
साधु हमारे हम साधुन के, साधु हमारे जीव।
साधुन मीराँ मिली रही है, जिमि माखन के घीव।

151

राणाजी म्हाँने या बदनामी लागै मीठी
साँकड़ी सेरी में म्हारा सतगुरु मिलिया, किस विध फिरूँ अपूठी।
थारा तो राम मीराँ म्हाने बतावो, नीतर सेवा थाँरी झूठी।
म्हारा तो राम राणाजी सबमें विराजे, हिया ललाड़ी थाणी फूटी।
कोई निन्दो कोई बिन्दो–मैं चलूँगी चाल अनूठी।
सतगुरुजी सूँ बात ज करताँ, दुरजन लोगाँ ने दीठी।
मीराँ कहे प्रभु गिरधर नागर, चढ़ गयो रंग मजीठी।

काँई करी है = क्या कर लेंगे; ताल = खरताल, कीर्तन-भजन के समय भक्तजन इस बाजे को दोनों हाथों में लेकर बजाते हैं। घीव = घृत।

बदनामी = अपयश; मीठी = प्रिय; साँकड़ी = सकड़ी, तंग; सेरी = स्थान, गली; अपूठी = अनजान, अपरिचित; नीतर = नहीं तो; थाँरी = तुम्हारी; विराजे = बसता है; हिया ललाड़ी थाणी फूटी = मन और शरीर दोनों की आँखें नष्ट हो गई हैं। निन्दो-बिन्दो = निन्दा या प्रशंसा करे; दुरजन = दुर्जन; दीठी = नजर आई; अँगीठी = एक प्रकार का चूल्हा, द्वेष की अग्नि।

152

श्री गिरधर आगे नाचूँगी।
नाच नाच पिव रसिक रिझाऊँ। प्रेमी जनकूँ जाचूँगी।
प्रेम प्रीति का बाँधि घूँघरू। सुरत की कछनी काछूँगी।
लोक-लाज कुल की मरजादा। या में एक न राखूँगी।
पिव के पलँगा जा पौढूँगी। मीराँ हरि-रंग राचूँगी।

पिव = प्रिय, पिउ, पति। रिझाऊँ = प्रसन्न करूँगी; कछनी = छोटी धोती जो घुटने तक पहनी जाती है; सुरति = चित्त-वृत्ति, ध्यान; काछूँगी = पहनूँगी, ध्यान को एकाग्र करूँगी; पलँगा = पलंग। जा पौढूँगी = सो जाऊँगी।

इस पद में सुहागिन (जीवात्मा) प्रभु (परम ब्रह्म) से तादात्म्य के लिए चित्तवृत्ति को एकाग्र करने की तत्परता बताती है।

153

साँवरिया म्हारी प्रीतलड़ी तो न्हिभाज्यो।
प्रीत करो तो स्वामी ऐसी कीज्यो, अधबिच मत छिटकाज्यो।
तुम तो हो स्वामी गुणरा सागर, म्हारा ओगण चित मत लाज्यो।
काया गढ़ घेरा ज्यो पड़्यो छै, ऊपर आप रखाज्यो।
मीराँ के प्रभु गिरधर नागर, चरणाँ चित्त राखाज्यो।

154

हरि मेरे नयनन में रहियो।
रात दिवस आगे आगे डोलो घरि पल अलग मति रहियो।
कोई को प्यारे लड़का रे लड़की कोई को प्यारे ब्हेन और भैयो।
कोई को प्यारी अजब सुन्दरी। हमरे प्यारो नन्दबाबाजी को छोरैयो।
कोई को बल है मात पिता को। कोई को बल कुटुम्ब की सवैयो।
कोईक कहे मैं आप बलियो। हमारे बल है राज रामैयो।
कोईक होसी कोपीन धारण की लयो। कोई कपड़ा पहेरी बडैयो।
कोई होसिक धन मालन को। हमरो होसी हरिचरण को छैयो।
कोई पढ़त चतुर भयो। काँके राजरंग की गवैयो।
मीराँ के प्रभु तुम्हरे मिलन को। प्रेम सहित कृष्ण कृष्ण कहियो।

प्रीतलड़ी = प्रीति, प्रेम; न्हिभाज्यो = निभाना; अधबिच = आधे में; छिटकाज्यों = छोड़ देना; ओगण = अवगुण; कायागढ़....रखाज्यो = देह रूपी गढ़ को काम-क्रोधादि शत्रुओं ने घेर लिया है, उनसे रक्षा करना।

आगे-आगे = सामने। डोलो = रहना। छौर्‍यो = छोरा, पुत्र; आप बलियो = स्वयं बली; राज = आप; रामैयो = राम; कोपीन = लँगोटी, जिसे संन्यासी और ब्रह्मचारी पहनते हैं। बड़ैयो = शानदार, बड़प्पन बतानेवाले; होसिक = होगा; छैयो = छाया; राजरंग की गवैयो = राजदरबार का गायक; चतुर = विद्वान, होशियार।

155

सॉँवरा म्हारी प्रीत निभाज्यो जी।
थे छो म्हारा गुणरा सागर।
औगुण म्हारूँ मति जाज्यो जी।
लोक न धीजै (म्हारो) मन न पतीजै।
मुखड़ा रा सबद सुणाज्यो जी।
मैं तो दासी जनम जनम की।
म्हारे आँगण रमता आज्यो जी।
मीराँ के प्रभु गिरधर नागर।
बेड़ो पार लगाज्यो जी।

156

हरि तुम हरो जन की भीर।
द्रोपदी की लाज राखी। तुम बढ़ायो चीर।
भक्त कारन रूप नरहरि। धरयौ आप सरीर।
हिरनकश्यप मारि लीन्हौं। धरयौ नाहिं न धीर।
बूड़तो गजराज राख्यौ। कियो बाहर नीर।
दासी मीराँ लाल गिरधर। चरण कँवल पे सीर।

निभाज्यो जी = निभाना; औगुण = अवगुण; औगुण....जाज्यो जी = मेरे अवगुणों पर विचार मत करना; धीजै = सन्तुष्ट होना; पतीजै = प्रतीति करना, विश्वास करना। बेड़ो पार लगाज्यो जी = उद्धार करना।

भीर = विपदा; जन की = भक्त की; नरहरि = भगवान का नृसिंह अवतार; सरीर = शरीर धारण किया; गजराज = हाथी, गन्धर्व जो शाप के कारण हाथी हो गया था और जिसकी ग्राह (मगर) से लड़ाई में भगवान ने सहायता की थी।

157

म्हाँरे डेरे आज्यो जी महाराज।
चुणि चुणि कलियाँ सेज बिछायी नख सिख पहरयौ साज।
जनम जनम की दासी तेरी तुम मेरे सिरताज।
मीराँ के प्रभु हरि अविनासी दरसण दीज्यौ आज।

158

ज्यूँ जाणूँ ज्यूँ लीज्यों सजन सुध ज्यूँ।
हूँ तो दासी जनम जनम की, कृपा रावरी कीज्यो।
ऊठत बैठत जागत सोवत, कबहुँक याद करीज्यो।
आवत जावत जीमत सोवत, सुपने दरस मोये दीज्यो।
मैं पतिवरता नारि प्रभुजी, काहूतैं न पतीज्यो।
साँचो प्रेम प्रीति को नातो, ताही तैं तुम रीझो।
रात दिवस मोये ध्यान तिहारो, आय दरस मोय दीज्यो।
मीराँ के प्रभु गिरधर नागर, चित चरणाँ में लीज्यो।

डेरा = निवास-स्थान; चुणि-चुणि = चुन-चुनकर; पहर्‍यो साज = श्रृंगार किया।

ज्यूँ जाणूँ ज्यूँ = जैसे भी सम्भव हो; सुध = खबर; करीज्यो = करना; जीमत = भोजन करते समय; सुपने = स्वप्न में; पतीज्यो = विश्वास करना।

159

म्हारै घर आज्यो जी, प्रीतम प्यारा।
तुम बिन सब जग खारा।
मो निगुण में गुण नहिं एको, थे ही बकसण हारा।
तन मन धन न्यौछावर करस्याँ, भजन कराँ म्हे थारा।
मीराँ को प्रभु कबरे मिलोगे, तुम बिन प्राण दुखारा।

160

राणैं म्हाँनैं ऐसी कही महाराज।
भगतण होय मीराँ जगत लजायो, कीन्हौं सारो राज।
जावोनैं मीराँ म्हानैं मुख न दिखावो, म्हाँनैं आवै थारी लाज।
लाजै मीराँ पीहद सासरो और लाजै म्हारो राज।
गोपी चन्दण तुलसी की माला भीख माँगण रो साज।
धन मीराँ धनि मेडतौ धनि राठोडौ राज।
मीराँ के प्रभु हरि अविनासी, चलि आयो ब्रजराज।

खारा = नीरस, बुरा; एको = एक भी; बकसण = क्षमा करनेवाले हो; दुखारा = दुःखी; निगुण = गुणहीन; मो = मुझ।

भगतण = भगवान के भक्त; भगतण होय....राज = हरिभक्त होकर मीराँ तुमने सारे संसार और राज को नीचा दिखा दिया। साज = सामग्री; बाना = वेश; धनि = धन्य।

161

अब तो निभायाँ सरेगी, बाँह गहे की लाज।
समरथ सरन तुम्हारी सइयाँ, सरब सुधारण काज।
भवसागर संसार अपरबल, जामें तुम हो जहाज।
निरधाराँ आधार जगत गुरु, तुम बिन होय अकाज।
जुग जुग भीर करी भक्तन की, दीनी मोक्ष समाज।
मीराँ सरण गही चरणन की, लाज रखो महाराज।

162

हमने सुणी छै हरि अधम उधारण।
अधम उधारण सब जग तारण।
गज की अरज गरज उठ ध्यायो, संकट पड़्यौ तब कष्ट निवारण।
द्रुपदसुता को चीर बधायो, दूसासन को मान मद मारण।
प्रह्लाद की परतिग्या राखी, हरणाकुस नख उद्र बिदारण।
रिखिपतनी पर किरपा कीन्हीं, बिप्र सुदामा की विपति बिदारण।
मीराँ के प्रभु मो बन्दी पर, एति अवेरि भई किण कारण।

निभाँया = निभाना, निर्वाह करना; बाँह गहे = हाथ पकड़ना; सरब = सब; सरब सुधारण काज = सब कार्य मंगलमय करनेवाले; अपरबल = आर-पार न हो; जा में = जिसमें; निरधारा = निराधार, जिसका कोई आश्रय नहीं है; आधार = आश्रय; जुग-जुग भीर करी भगतन की = बार-बार भक्तों की सहायता करके उनकी भीड़ ही लगा ली।

उधारण = उद्धार करनेवाले; अरज = प्रार्थना; निवारण = मुक्त करना; द्रुपदसुता = द्रौपदी; मान मद = अहंकार; परितिग्या = प्रतिज्ञा; उद्र = उदर, पेट; बिदारण = फाड़ना, विदीर्ण करना; रिखिपतनी = ऋषि की पत्नी अहिल्या; सुदामा = कृष्ण के बालसखा; बन्दी = सेविका; एति = इतनी; अवेरि = विलम्ब, देर; किण = किस।

163

जो तुम तोड़ो पिया मैं नहीं तोड़ूँ।
तोरी प्रीत तोड़ी कृष्ण कोण संग जोड़ूँ।
तुम भये तरुवर मैं भई पँखियाँ।
तुम भये सरोवर मैं तारी मछिया।
तुम भये गिरिवर मैं भई चारा।
तुम भये चन्दा मैं भई चकोरा।
तुम भये मोती प्रभु मैं भई धागा।
तुम भये सोना मैं भई सुहागा।
मीराँ कहे प्रभु ब्रज के बासी।
तुम मोरे ठाकुर मैं तोरी दासी।

कोण संग = किसके साथ; तरुवर = वृक्ष; पँखियाँ = पक्षी, पखेरू; तारी = तेरी; मछिया = मछली। इसी प्रकार का एक पद रैदास ने लिखा है। जिसकी शीर्ष पंक्ति है 'प्रभुजी तुम चन्दन हम पानी, जाकी अंग-अंग बास समानी'।

164

रमैया बिन नींद न आवे।
नींद न आवे बिरह सतावे, प्रेम की आँच डुलावे।
बिन पिया जोत मन्दिर अँधियारो, दीपक दाय न आवे।
पिया बिन मेरी सेज अलूनी, जागत रैण बिहावै।
पिया कबरे घर आवै।
दादुर मोर पपीहा बोलै, कोयल सबद सुणावै।
घुमड़ घटा ऊलर होइ आई, दामिन दमक डरावै।
नैन झर लावै।
कहाँ करूँ कित जाऊँ मोरी सजनी, बेदन कूण बुतावै।
बिरह नागण मोरी काया डसी है, लहर लहर जिव जावै।
जड़ी घस लावै।
को है सखी सहेली सजनी, पिया कूँ आन मिलावै।
मीराँ कूँ प्रभु कबरे मिलोगे, मनमोहन मोहि भावै।
कबै हँसकर बतलावे।

डुलावै = बेचैन किए रहती है; पिया जोति = प्रिय का प्रकाश; दाय न आवै = अच्छा नहीं लगता; अलूनी = नीरस; बिहावै = व्यतीत होती है; ऊलर होई आवै = झुक आई है; दमक = चमककर; झर लावै = झड़ी लगाते हैं, अश्रुधारा बहाते हैं; बेदन = वेदना; बुतावै = बुझावे; काया = शरीर; लहर = विष की लहर; जिव जावै = प्राण निकलते हैं; जड़ी घस लावै = जो औषधि को घिसकर लाये। को है = कौन है; आन = लाकर; बतरावै = बात करे।

165

बदला रे तू जल भरि ले आयो।
छोटी छोटी बूँदन बरसन लागीं, कोयल सबद सुनायो।
गाजै बाजै पवन मधुरिया, अम्बर बदराँ छायो।
सेझ सँवारी पिय घर आये, हिल मिल मंगल गायो।
मीराँ के प्रभु हरि अविनासी, भाग भलो जिन पायो।

166

सुनी हो मैं हरि आवन की अवाज।
महन चढ़-चढ़ जोऊँ मेरी सजनी। कब आवै महाराज।
दादर मोर पपइया बोलै, कोयल मधुरे साज।
उमँग्यो इन्द्र चहूँ दिसि बरसै, दामणि छोड़ी लाज।
धरती रूप नवा नवा धरिया, इन्द्र मिलण कै काज।
मीराँ के प्रभु हरि अविनासी बेग मिलो महाराज।

अम्बर = आकाश; सेझ = शय्या; हिल-मिल = सखियों के साथ मिल-जुलकर; जिन = जिन्होंने।

जोऊँ = देखती हूँ; साज = सजाकर; दामणी = दामिनी, बिजली; दामिणी छोड़ी लाज = निर्द्वन्द्व होकर बिजली चमक रही है; नवा-नवा = नए-नए; धरिया = धारण करती है।

167

झूलत राधा संग गिरिधर।
बादर मेहा जब झर लायो, बढ़ती हृदय उमंग, गिरिधर।
नाचत लाल ताल दे देकर, बाजे चंग, मृदंग, गिरिधर।
मीराँ के प्रभु गिरधर नागर, चरन कमल पर अंग, गिरिधर।

168

बरसै बदरिया सावन की, सावन की मनभावन की।
सावन में उमग्यो मेरो मनवा भनक सुनी हरि आवन की।
उमड़ घुमड़ चहुँ दिसि से आयो दामण दमके झर लावन की।
नान्हीं नान्हीं बूँदन मेहा बरसै सीतल पवन सोहावन की।
मीराँ के प्रभु गिरधर नागर आनन्द मंगल गावन की।

मेहा = वर्षा; बादर मेहा जब झर लायो = जब बादल वर्षा की झड़ी लगा देते हैं; चंग, मृदंग = एक प्रकार के वाद्य।

उमग्यो = उमंगित, उल्लसित; भनक = आवाज़; झर लावण की = झड़ लगानेवाली; दामण दमक = बिजली की चमक; गावण की = गाने की या गँवाने की; नान्हीं-नान्हीं = छोटी-छोटी।

169

बादल देख डरी हो स्याम! मैं बादल देख डरी।
काली पीली घटा ऊमटी, बरस्यो एक घरी।
जित जाऊँ तित पाणी-पाणी। हुई-हुई भोम हरी।
जाका पिय परदेस बसत है। भीजै बहार खरी।
मीराँ के प्रभु हरि अबिनासी। कीज्यौ प्रीत खरी।

170

सइयाँ, तुम बिनि नींद न आवै हो।
पलक पलक मोहि जुगसे बीतें छिनि छिनि विरह जरावे हो।
प्रीतम बिनि तिम जाइ न सजनी दीपग भवन न भावे हो।
फूलन सेझ सूल होइ लागी जागत रैणि बिहावै हो।
कासूँ कहूँ कुण मानैं मेरी कह्याँ न को पतियावै हो।
प्रीतम पनग डस्यो कर मेरो लहरि लहरि जिव जावे हो।
दादुर मोर पपइया बोलै कोइल सबद सुणावे हो।
उमगि घटा घन ऊलरि आई बीजू चमक डरावे हो।
है कोई जग में रामसनेही ज्यै उठि साल मिटावे हो।
मीराँ के प्रभु हरि अविनासी नैणाँ देख्याँ भावै हो।

ऊमटी = उमड़ी; हुई-हुई = हो गई; भोम = भूमि; खरी = खड़ी हुई; खरी = सच्ची।

सइयाँ = प्रिय; सैयाँ = स्वामी; तिमि = अन्धकार; रैणि = रात, रैन; बिहावै हो = बीतती है, व्यतीत होती है; पतियावे हो = प्रतीति करना, विश्वास करना; पनग = साँप; लहरि-लहरि जिव जावे हो = विष की लहरें प्राणान्त कष्ट उत्पन्न करती हैं; कर = हाथ; उलरि आई = घिर आई; साल = व्यथा, बाधा।

171

मैं गिरधर के रँग राती सैयाँ मैं
पचरंग चोला पहर सखी री मैं झिरमिट रमवा जाती।
झिरमिट माँ मोहि मोहन मिलियो खोल मिली तन गाती।
कोई के पिया परदेस बसत है लिख-लिख भेजैं पाती।
मेरा पिया मेरे हीय बसत है ना कहुँ आती जाती।
चन्दा जाएगा सूरज जाएगा जाएगी धरण अकासी।
पवन पाणी दोनूँ ही जाएँगे अटल रहै अबिनासी।
और सखी मद पी-पी माती मैं बिन पीयाँ ही माती।
प्रेमभठी को मैं मद पीयो छकी फिरूँ दिन-राती।
सुरत निरत को दिवलो जोयो मनसा की करली बाती।
अगम घाणि को तेल सिंचायो बाळ रही दिन-राती।
जाऊँ नी पीहरिये जाऊँ नी सासरिये हरि सूँ सैन लगाती।
मीराँ के प्रभु गिरधर नागर हरि चरणाँ चित लाती।

रँगराती = प्रेम में निमग्न; झिरमिट = झुरपुट में, कुंज में; रमवा = खेलने; गाती = शरीर पर लपेटने का वस्त्र या चादर; खोल मिली तन गाती = तन रूपी वस्त्र खोलकर एकाकार हो गई; पाती = पत्र; आती न जाती = न कहीं आती हूँ न जाती हूँ; धरणी-अकासी = धरती और आकाश सब चलायमान हैं; भठी = भट्ठी; छकी = तृप्त; सुरति = स्मृति; निरति = वैराग्य; दिवला = दीपक; मनसा = मन की

172

राणाजी म्हें तो गिरधर रा गुण गास्याँ।
गुरू प्रताप साधाँरी संगत सहजैं ही तिर जास्याँ।
कथा कीरतन सुण निस बासर, महाप्रसाद ले पास्याँ।
म्हारे तो पण चरणामृत को, नित उठि मन्दिर जास्याँ।
लोक लाज की काण न मानाँ, रामतणां गुण गास्याँ।
नाँव अमोलिक अमृत पीकै, सिर के साटे लास्याँ।
तुम हर माँ उमा म्हारे ऊपर, विष रो प्यालो पास्याँ।
जन मीराँ गिरधर के ऊपर, पीवत मन ना दुखास्याँ।

सहजै = सहज; साधाँरी = साधुओं की; तिर जास्याँ = पार लग जाएँगे; निस-बासर = रात दिन; पण = प्रण; काण = मर्यादा; रामतणाँ = राम के; साटै = बदले में; सिर के साटे = सिर देकर; तुम हर माँ उमा म्हारे ऊपर विषरो प्यालो पास्याँ = तुम (हलाहल पीनेवाले) शंकर और माँ पार्वती की साक्षी में विष का प्याला पीऊँगी।